10대를 위한

생각하는 헌법

최정호
오혜진
서윤호

다른

머리말
우리 일상이 모두 헌법이야!

"학교 교육은 어떻게 바뀌어야 할까요?"

"공부가 다가 아닌 교육으로요. 헌법과 세계 인권 선언을 가르치는 게 필요할 것 같아요."

이 대화는 여러 고등학생들이 우리 사회의 문제들에 대해 토론을 나눈 신문 기사의 일부입니다. 자유롭고 거침없이 자신의 생각을 풀어놓는 친구들의 이야기는 감탄을 자아냈지요. 그중에서 헌법이 어떤 법이고, 왜 헌법을 알아야 하는지 주장하는 이 친구의 대답은 신선한 충격으로 다가왔습니다.

사람들에게 '법'은 낯설고 이해하기도 어려워서 될 수 있으면 멀리하고 싶은 대상입니다. 그나마 가깝게 느껴지는 법이 있다면 도로교통법이나 민법처럼 실생활에 도움이 될 것 같은 법 정도가 아닐까요? 그런데 아무짝에도 소용이 없을 것 같은 '헌법'을 우리가 알아야 한다고 말하는 친구가 있다니, 헌법은 대체 어떤 법일까요?

헌법은 자칫하면 남용되기 쉬운 국가 권력에 제동을 걸어, 국민

한 사람 한 사람이 인간다운 삶을 살 수 있게 하는 국가의 최고법입니다. 우리나라 헌법 제10조를 보면 아마 이 말이 무슨 뜻인지 이해할 수 있을 거예요.

"모든 국민은 인간으로서의 존엄과 가치를 가지며, 행복을 추구할 권리를 가진다. 국가는 개인이 가지는 불가침의 기본적 인권을 확인하고 이를 보장할 의무를 진다."

강요하고 감시하기만 할 것 같은 법이 우리가 존엄한 존재이며 행복을 추구할 권리가 있다고 말하다니, 놀랍죠?

이것만이 아닙니다. 헌법은 대한민국의 주인은 국민이고, 모든 권력은 국민으로부터 나온다고 말합니다. 또 나이가 많든 적든, 부유하든 가난하든, 남자이든 여자이든 모두가 법 앞에 평등하며 그어떤 차별도 받을 수 없다고 하지요. 그리고 모든 사람은 자신의 양심에 따라 자유롭게 행동할 수 있으며, 종교의 자유, 언론·출판의 자유, 집회·결사의 자유, 학문과 예술의 자유가 있다고 말합니다. 보기만 해도 가슴이 뛰고 설렌다고요? 역사 속 수많은 사람들이 치열하게 노력해 일군 헌법은 이렇게 아름답고 향기로운 내용들로 가득합니다.

그런데 지금 우리의 헌법은 제대로 잘 지켜지고 있을까요? 헌법은 모든 국민이 평등하다고 하지만 빈부의 격차는 점점 심해지고 불평등이 구조화되고 있습니다. 헌법은 노동 3권과 집회의 자유를 보장하지만, 현실에서는 '불법'이라는 꼬리표가 붙기 일쑤입니다.

그래서 좋은 말로 가득한 헌법은 어쩐지 우리 삶과는 너무 멀게만 느껴집니다. 왜 이런 일이 벌어진 것일까요? 그것은 우리가 수많은 사람들이 피와 땀을 흘려 만든 헌법을 낡은 법전 속에 가둔 채 어려워하고 멀리했기 때문입니다. 우리는 이 헌법을 삶 속으로 끌어내야 합니다. 헌법을 제대로 알고, 고민하고, 질문하고, 토론하면서 우리 시대에 맞는 새로운 헌법을 만들어 가야 합니다.

　이 책에는 여러분 또래인 열여덟 살 민주가 등장합니다. 민주는 인터넷에 글을 올릴 때 꼭 실명을 밝혀야 하는지 고민에 빠지기도 하고, 시위 장소를 지나가기만 했다는 이유로 불심 검문을 받은 삼촌 친구의 이야기를 듣기도 합니다. 또 학교에서 머리 모양과 복장을 자유롭게 하고 다닐 수는 없는지, 사랑의 매는 정당한 것인지, 교육감 선거에 교육의 주체인 청소년이 참여할 수는 없는 것인지 고민하고 또 생각합니다. 이처럼 일상에서 마주치는 수많은 문제들을 어떻게 풀어 가면 좋을지 고민할 때, 헌법은 우리 곁에 항상 함께합니다. 우리 일상에는 존재하지 않을 것 같던 헌법이 공기처럼 녹아 있어 놀랍다고요? 자, 지금부터 여러분의 생활이 어떻게 헌법이 되는지, 그리고 헌법이 어떻게 여러분의 삶에 작동하는지 함께 살펴봅시다.

차례

1장

헌법을 이해하는 첫걸음

헌법의 기본 원리

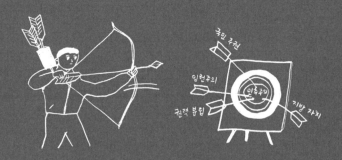

민주와 헌법의 어색한 첫 만남

안녕, 헌법

처음으로 〈법과 정치〉 과목을 공부하게 된 고등학생 민주와 민주네 반 친구들은 서울 종로에 있는 헌법 재판소를 견학했습니다. 선생님께서 〈법과 정치〉를 본격적으로 공부하기 전에 가 봐야 할 견학 장소로 이곳을 추천하셨기 때문입니다. 국회도, 청와대도, 법원도 아닌 헌법 재판소를 가 봐야 한다니. 민주는 그 이유를 알 수 없었지만 헌법 재판소와 〈법과 정치〉 수업의 알쏭달쏭한 관계에 호기심이 생겼습니다.

헌법 재판소를 둘러보고 큰길로 나오자 많은 시민들이 모여서 시위를 하고 있었습니다. 민주는 사람들이 들고 있는 팻말에서 익숙한 글귀를 찾아냈습니다. "대한민국은 민주 공화국이다." "모든 권력은 국민으로부터 나온다." "모든 국민은 인간으로서의 존엄과 가치를 가진다." 바로 헌법 조문들입니다. 민주는 사람들이 왜 헌법 조문을 가지고 시위를 하는지, 그럴듯해 보이고 좋은 말로 가득한 헌법의 정체는 대체 뭔지, 헌법과 나는 어떤 관계가 있는지 궁금했습니다.

여러분도 헌법이 뭔지 궁금하다고요? 자, 그럼 지금부터 여러분과 민주가 궁금해한 헌법에 대해 차근차근 알아보도록 하죠.

헌법, 네 정체가 뭐니?
헌법과 국가와 나의 관계

헌법은 국가를 운영할 때 기본이 되는 약속들을 정하고, 국민의 권리와 의무를 규정하며, 또한 이를 실현하는 국가 조직 등에 관해 규정한 법입니다. 가장 높은 위치에 있으면서도 모든 것을 아우를 수 있다는 의미에서 한 나라의 **최고법**이기도 하지요.

최고법이라는 말 외에는 무슨 말인지 도무지 모르겠다고요? 그도 그럴 것이 헌법이 워낙 추상적인 언어로 표현되어 있기 때문입니다. 다른 법률들을 잠깐 살펴볼까요? 예를 들어 형법은 남의 물건을 훔친 사람은 징역 몇 년에 처한다고 규정하고 있습니다. 민법은 만 19세부터 성인으로서 보호자 없이 단독으로 법률 행위를 할 수 있다고 규정하고 있습니다. 이처럼 형법이나 민법 같은 법률들은 우리 실생활과 아주 밀접한 관계를 맺고 있습니다. 반면 헌법 조문을 보면, 제1조 제1항은 "대한민국은 민주 공화국이다."라고 쓰여 있습니다. 헌법 조문들은 이처럼 너무 막연하고 추상적이라 우리 생활에서 어떻게 구체적으로 작용하는지 이해하기가 쉽지 않습니다. 헌법은 기본적으로 개인 사이의 문제가 아닌, 개인과 사회 또는 개인과 국가의 관계를 바탕으로 하기 때문에 헌법을 이해할 때는 국가와 사회의 특성을 아는 것이 도움이 됩니다.

평소 우리는 국가니 국민이니 하는 것을 의식하지 않고 살아갑니다. 우리가 대한민국에 소속된 국민이라는 것을 의식하는 순간은 해외여행을 갈 때나 우리의 대표를 뽑는 선거 때가 아닐까요? 아직 성년이 되지 않은 여러분은 납세 의무와 병역 의무와는 거리가 있으니 더더욱 국가의 존재와 작용에 대해 막연하게 느껴지겠군요.

여러분의 일상에는 존재하지 않을 것 같은 헌법이 어떻게 해서 국가 최고의 규범이 될 수 있는지 알아보도록 하죠. 민주의 일상에서 답을 찾아봅시다.

우리가 대한민국 국민이라는 것을 생각하게 될 때

운동화를 사고 싶었던 민주는 편의점에서 열심히 아르바이트를 하여 30만 원을 벌었습니다. 그런데 사장님은 약속한 날짜가 지났는데도 며칠째 월급을 주지 않습니다. 그렇다고 해서 민주가 편의점에서 30만 원어치의 물건을 마음대로 가져와도 되는 것일까요? 월급을 주지 않는 사장님의 행동은 분명 잘못된 것입니다. 그러나 국가가 정한 사법 절차를 통하지 않고 이처럼 스스로 해결 방법을 찾는 것은 허용되지 않습니다.

열여덟 살 민주에게 구청에서 보낸 편지 한 통이 도착했습니다. 주민 등록증을 기간 내에 발급받지 않으면 과태료를 내야 한다는 내용이었습니다. 친구들과 함께 주민 등록증을 발급받고 기념으로 근사한 저녁을 먹은 민주는 영수증에서 "부가 가치세 10퍼센트 별도"라는 문구를 발견했습니다. 이때 민주가 자신은 아직 미성년자이니 세금을 내지 않겠다며 부가 가치세를 제외하고 밥값을 내는 것이 가능할까요? 그렇지 않습니다. 우리가 구입하는 모든 것에는 세금이 포함되어 있습니다. 우리가 인식하지 못할 뿐이지 항상 세금을 내고 있지요. 부가 가치세라고 해서 예외는 아닙니다. 이렇듯 국가는 강제적입니다. 우리는 자발적으로 법을 지키고, 행정 처리에 응하고, 세금을 내는 것이 아니라 국가의 강제 아래에서 행동하게 됩니다.

세금뿐만 아니라 병역 의무, 의료 보험료 납부, 출생 신고 등도 모두 개인의 의사와는 상관없이 강제로 할 수밖에 없습니다. 이처럼 국가는 미리 정해 놓은 법에 따라 국민에게 어떤 일을 강제로 시킬 수도 있고, 국민이 법을 어기면 제재나 처벌을 할 수도 있습니다. 이러한 국가의 권력을 **공권력**이라고 합니다. 국가는 일정한 영토 안에서 독점적으로 강제력을 행사할 수 있는 유일한 집단입니다. 국가는 법과 제도, 군대와 경찰 등을 통해 강제력을 행사하고 있습니다.

그렇다면 국가는 어떻게 이러한 권력을 가지게 된 것일까요? 역사적으로 살펴보면, 근대 이전에는 "왕의 권력은 신이 준 것이다."라는 **왕권신수설**이 군주의 절대적 권리를 뒷받침했습니다. 군주의 권한은 신에게서 받은 것이기 때문에 왕은 신에 대해서만 책임을 진다고 생각했으며, 군주의 폭정은 고스란히 백성의 몫이었습니다. 또한 군주의 권력에 도전하거나 반항하는 것은 신에 대한 도전으로 여겼습니다. 그러나 근대 이후에는 **사회 계약설**◆에 근거하여 "권력은 국민으로부터 나온다."라는 국민 주권설이 보편화되었고, 현재 민주주의 국가에서는 국민의 지지와 정당성을 인정받은 권

◆ **사회 계약설**
사회나 국가가 자유롭고 평등한 개인들의 합의나 계약에 의해 발생했다는 학설입니다. 17세기~18세기 사이에 홉스, 로크, 루소 같은 자연법 학자들이 왕권신수설에 반대하며 사회 계약설을 주장했습니다.

력만이 국가 권력으로 인정받을 수 있습니다. 따라서 국가는 국민으로부터 받은 지지와 동의를 바탕으로 군대와 경찰, 법과 제도 등을 통해 국민에게 강력한 강제력을 행사하는 것입니다.

권리를 찾기 위한 투쟁의 역사
근대의 시민 혁명

주권이 절대 군주에서 시민에게로 넘어간 것은 어떤 우연한 사건이나 시간의 흐름에 따른 것이 아니었습니다. 근대 이전의 시민들은 왕은 신이 내리는 것이라고 믿었기 때문에 스스로가 나라의 주인이라는 생각조차 할 수 없었습니다. 그래서 시민들은 지배자들의 다스림에 따라 그들의 사치를 뒷받침할 엄청난 세금을 바치고 그들의 욕심을 채우기 위한 전쟁을 치르며 힘들게 살아야만 했습니다. 인간 역사가 시작되면서부터 사람들은 줄곧 자신들을 위해 줄 위정자를 기다렸지만, 지배자들은 처음부터 권력이 자기 것인 듯이 행동했습니다.

그러나 이제 시민들은 그동안 운명이라고 믿어 왔던 것을 거부하고 자신들을 억누르던 지배 세력을 몰아내어 스스로가 권리의 주체가 되고자 했습니다. 이를 헌법으로 확인하는 것을 **입헌주의**라고 합니다. 그리고 입헌주의를 확립하기 위한 일련의 노력들은 시민 혁명의 모습으로 나타나게 되는데, 영국의 명예혁명에서 시작되어 미국의 독립 혁명, 프랑스의 시민 혁명에까지 이르게 됩니다.

시민 혁명은 인간 존중, 그리고 자유와 평등의 이념을 헌법으로 확인하며 입헌주의에 기초한 민주주의 시대를 열었습니다. 그러나 혁명 이후, 참정권은 '일정한 재산과 교양'을 가진 부르주아 계급에게만 돌아갔습니다. 참정권을 갖지 못한 대중에게 자유와 평등은 실질적인 의미를 가지지 못했죠. 이들은 혁명 후에도 여전히 가난하고 힘겨운 삶을 살아야만 했습니다. 19세기 이후는 바로 이들, 즉 소외된 노동자, 여성, 농민이 스스로의 권리를 찾기 위해 노력한 시기였습니다. 시민 혁명으로 가장 먼저 입헌 민주 정치를 시작한 영국에서는 차티스트 운동◆, 여성 참정권 운동◆◆과 같은 끈질긴 노력 끝에, 1928년 마침내 보통 선거가 실시되었습니다.

◆ **차티스트 운동**
영국에서 노동자 계급을 중심으로 일어난 선거권 확대 운동입니다. 일부 자본가에게만 선거권이 확대되고 노동자에게는 혜택이 돌아가지 않자, 노동자 계급은 성인 남자의 보통 선거 실시를 주된 내용으로 요구하는 운동을 펼쳤습니다.

◆◆ **여성 참정권 운동**
계속되는 선거권 확대 운동 속에서 여성들 역시 자신들의 참정권을 확보하기 위해 노력했습니다. 세계에서 가장 먼저 여성 참정권을 채택한 곳은 뉴질랜드입니다(1893년).

선거 때만 국민 대접을 해 주다니!
대의제의 한계와 직접 민주제

민주주의의 가장 이상적인 모습은 모든 국민이 직접 주권을 행사하는 직접 민주제일 것입니다. 하지만 국가의 규모와 복잡성을 고려했을 때 현실적으로 국민 모두가 직접 주권을 행사하고 정치에 참여하는 것은 거의 불가능합니다. 그래서 국민이 뽑은 대표자가 국민을 대표하여 법을 만들고 정부를 구성하여 주권을 행사합니다. 이를 **간접 민주제** 또는 **대의제**라고 합니다.

하지만 대의제는 현대 사회의 다양한 견해와 요구를 제대로 수용하고 복잡한 이해관계를 조정하는 데에 한계가 있습니다. 이처럼 복잡하고 전문화된 현대 사회에서는 기존에 국회가 하던 많은 일이 점차 행정부로 옮겨 가게 됩니다. 다시 말해서 국민이 뽑은 국회 의원이 아닌 정부의 행정 관료들이 전문성이라는 이름으로 정책을 결정하는 일이 늘고 있습니다. 그리하여 국회는 전문성을 높이고자 법안을 만들기 위한 국회 내 여러 전문 조직과 기구를 만들기도 합니다.

또 국민 전체를 위해 작용할 것이라고 믿었던 대의제는 일부 세력만을 대표함으로써 국민의 의사를 국정에 제대로 반영하지 못하는 문제가 생겼습니다. 국민의 대표가 되어야 하는 국회 의원들은 다음 선거에서 이기기 위해 자신의 지역구에만 유리한 법안들을 만들기도 합니다. 이러한 대의제의 약점을 보완하기 위해 **국민 투표**◆, **국민 발안**◆◆, **국민 소환**◆◆◆과 같은 직접 민주제 요소를 가미하는 노력을 하고 있습니다.

◆ **국민 투표**
국민이 국가의 중요한 사안을 투표로 결정하는 제도를 말합니다.

◆◆ **국민 발안**
국민이 직접 헌법 개정안이나 법률안을 제출할 수 있는 제도입니다. 우리나라에서는 아직 헌법 개정안에 대한 국민 발안은 인정되지 않습니다.

◆◆◆ **국민 소환**
국회 의원 또는 공직자 중에서 국민이 부적합하다고 판단하는 자를 임기가 끝나기 전에 국민 투표로 파면하는 제도입니다.

인간답게 살 수 있도록
복지 국가 원리

절대 군주로부터 벗어나 헌법을 통해 자유를 보장받을 수 있었던 근대에는 국가가 국민의 자유로운 활동에 개입하지 않고 최소한의 역할만 하는 것이 가장 이상적이라고 생각했습니다. 그러나 시민 혁명의 결과, 헌법에 보장된 자유는 부르주아 계급의 입장만 대변했습니다. 시민 혁명을 함께했던 대다수의 가지지 못한 민중에게는 배고플 자유만 허락될 뿐이었습니다. 자유와 평등은 인간 존중을 위한 도구가 되어야 하는데 그렇지 못했습니다. 형식적인 자유에 대한 강조가 실질적인 불평등을 가져오면서 1등과 그렇지 못한 나머지 사람들 사이에는 넘을 수 없는 차이가 벌어졌습니다.

현대 국가에서는 국가 권력으로부터 간섭이나 통제를 받지 않는 소극적 자유가, 국가에 자신의 권리를 요구하거나 국정에 참여하는 적극적 자유의 모습으로 변하고 있습니다. 또한 선천적 조건이나 후천적 차이를 고려하지 않고 누구에게나 똑같이 기회를 부여하던 **형식적 평등**에서, 성별·장애 같은 선천적 조건이나 교육 수준·능력 같은 후천적 차이를 고려하는 **실질적 평등**의 모습으로 변하고 있습니다. 따라서 현대 헌법은 실질적인 인간 존엄이 실현될 수 있도록 적극적 자유와 실질적 평등을 조화시켜 복지 국가를 지향합니다. 또한 그동안 소극적 자유와 형식적 평등으로 인하여 인권의 사각지대에 놓여 있던 여성, 노동자, 장애인의 인간다운 삶을 보장하기 위해 노력하고 있습니다.

형식적 평등

실질적 평등

민주주의는
무엇에 쓰는 물건인고?
민주주의의 의미와 이념

이러지 말고 민주적으로 해결하자.

민주적인 가정, 민주적인 학급, 민주적인 해결…. '민주'라는 말은 우리 일상에서 자주 쓰는 말입니다. 하지만 보통 그 의미를 정확히 알지 못하고 쓰는 경우가 많습니다. 왼쪽 그림을 한번 볼까요. 민주가 두 친구의 싸움을 말리며 "민주적으로 해결하자!"라고 외치고 있네요. 이 말은 폭력이 아닌 대화로 문제를 해결하자는 뜻일 겁니다. 아래 그림에서는 여름휴가를 가지 말고 집에서 쉬자는 아빠에게 민주가 "민주적으로 결정해요!"라고 말하고

자, 이번 여름은 너무 더우니까 놀러가지 말고 집에서 푹 쉬자!

민주적으로 결정해요!

있군요. 이것은 다수결로 결정하자는 의미인 것 같습니다.

오늘날 전 세계 대부분의 나라에서는 민주주의를 보편적인 이념으로 받아들이고 있습니다. 그 어떤 국가의 헌법을 보더라도 민주주의의 원리를 부정하는 경우는 찾기 힘듭니다. 여왕이 있는 영국도 민주주의 국가고, 국왕이 있는 일본도 민주주의 국가입니다. 심지어 3대째 권력을 세습하고 있는 북한의 정식 국가명도 조선 '민주주의' 인민 공화국입니다. 그러나 '민주주의'가 다양한 의미로 사용된다고 해서 이에 대한 일반적인 정의를 내릴 수 없는 것은 아닙니다.

민주주의(民主主義)의 말뜻을 풀면 '국민이 국가의 주인이 되는 것' 또는 '국민을 위한 정치를 지향하는 사상'이라고 할 수 있습니다. 민주주의는 영어로 데모크라시(democracy)입니다. 데모크라시는 그리스어 데모크라티아(democratia)에서 유래했습니다. 데모크라티아는 민중 또는 다수를 의미하는 데모스(demos)와 지배를 뜻하는 크라티아(kratia)가 합쳐진 말로, 민중 또는 다수에 의한 지배를 뜻하는 말입니다. 그러니까 한 사람이 지배하는 군주정이나 소수의 귀족이 지배하는 귀족정과는 달리 다수의 국민이 지배하는 국가 형태를 뜻하지요. 우리가 어떤 나라를 민주주의 국가라고 할 때, 이는 국민이 권력을 소유하고 행사하는 것을 의미하며 동시에 국민을 위해 그 권력을 행사하는 것을 말합니다. 따라서 어떤 국가에 여전히 왕이나 귀족이 존재한다고 하더라도 지배 권력이 국민에게 있고, 그 권력이 국민을 위해 행사된다면 이는 민주주의 국가라고 할 수 있겠지요.

　그런데 국민이 스스로 주인이 되어 권력을 행사하기만 하면 민주주의가 실현되었다고 할 수 있을까요? 민주주의의 핵심은 누가 주인이어야 하는가의 문제뿐만 아니라 민주주의가 지향하는 인간 존엄이라는 이념에 있습니다. 이 말이 어렵게 느껴질지도 모르겠습니다. **인간 존엄**이란, 사람은 누구나 인간이라는 그 자체만으로 존중할 만한 가치가 있다는 것입니다. 웬 당연한 소리냐고요? 우리는 인간은 인간이라는 자체만으로 가치 있고, 타인에 의해 대체될 수 없는 권리를 가진다는 것에 동의합니다.

　그러나 현실에서는 이 말과 배치되는 모습들을 볼 수 있습니다. 생명은 소중한 가치이지만 흉악 범죄를 저지른 범죄자의 생명은 가치가 없을까요? 가난한 사람은 부자보다 존재 가치가 낮을까요? 인간 존엄 사상은 근대 이후 보편화되어 자유와 평등, 그리고 개인의 기본적 인권을 보장해야 한다는 사상으로 발전했습니다. 인간의 기본권은 국가가 탄생하기 이전의 권리이므로 국가 역시 제한할 수 없다는 천부 인권설이 등장한 것입니다. 우리나라 헌법 제10조에서도 "모든 국민은 인간으로서의 존엄과 가치를 가지며 행복을 추구할 권리를 가진다. 국가는 개인이 가지는 불가침의 기본적 인권을 확인하고 이를 보장할 의무를 진다."라고 하며 기본권이 인간이 태어날 때부터 지니는 권리임을 밝히고 있습니다.

민주주의의 기본 원리
국민 주권, 입헌주의, 권력 분립, 지방 자치

민주주의는 자유와 평등을 기초로 인간의 존엄성을 실현하는 것을 근본이념으로 삼고 있습니다. 그러나 이러한 이념만으로 인간이 존엄하게 되는 것은 아닙니다. 민주 정치를 이루기 위한 몇 가지 기본 원리를 살펴볼까요.

민주주의 국가에서는 민주 정치의 기본 원리로서 국민 주권의 원리를 채택하고 있습니다. **국민 주권**이란 국가의 의사를 최종적으로 결정할 수 있는 최고 권력인 주권이 국민에게 있다는 말입니다.

서구 근대 정치는 절대 군주제에서 입헌주의 체제로 점차 변해 왔습니다. 시민들은 무소불위의 군주의 권력에 대해 끊임없이 투쟁하며 인간 존엄을 확인하는 헌법을 제정함으로써 군주의 권력을 제한하고자 했습니다. 이렇게 국가 권력의 작용과 국민의 기본권을 '헌법'으로 보장한 것을 **입헌주의**라고 합니다.

그러나 입헌주의 국가라고 해서 모두 민주주의 국가인 것은 아닙니다. 온갖 좋은 내용을 담고 있는 헌법이 있다고 해도 일부 권력의 정권 획득과 장기 집권에 악용되면서 제구실을 하지 못하고 무용지물이 되는 경우도 있습니다. 왕의 지배를 거부하며 이성적이고 합리적인 헌법의 지배를 받기로 했지만, 다시 헌법을 마음대로 사

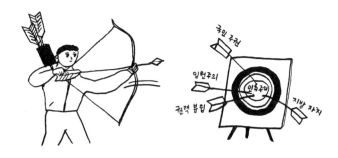

용하는 독재자의 지배를 받게 된 것이죠. 이러한 예로는 과거 우리나라의 유신 헌법을 들 수 있습니다. 유신 헌법에서는 대통령이 국회 의원의 3분의 1을 추천할 수 있도록 하여 국민을 대표해야 할 국회가 대통령의 꼭두각시가 되었습니다. 게다가 대통령의 임기를 4년에서 6년으로 연장하고, 연임 제한 규정을 삭제함으로써 종신 집권이 가능하도록 했습니다. 또 국가의 안전 보장을 위해 필요한 경우에는 법률로써 국민의 기본권까지도 제한할 수 있다고 하여 **권력 분립**의 원리뿐만 아니라 국민의 기본권마저 지킬 수 없었습니다.

이처럼 대표자가 항상 국민의 이익을 위해 주권을 행사하는 것은 아닙니다. 역사적으로 살펴볼 때 절대 권력은 항상 부패하기 마련이지요. 절대 군주도 그랬고 독재자도 그랬듯이 국민의 대표자도 사람이기 때문에 자신의 손에 주어진 커다란 권력 앞에서 항상 최선의 결단만 내리는 것은 아닙니다. 이러한 역사적 경험에서 나온 것이 권력 분립의 원리입니다. 권력 분립의 원리는 국가 권력을 여러 기관에 분산시켜서 견제와 균형이 이루어지도록 하는 것입니다.

지방 자치도 동일한 맥락 위에 있습니다. 앞서 설명한 것처럼 기능에 따라 입법부, 행정부, 사법부가 권력을 나누어 맡아 서로의 권력 남용을 견제하고 국민의 자유와 권리를 보장하는 것이 일반적인 권력 분립의 모습입니다. 그런데 권력은 중앙 정부와 지방 정부 간에도 분배가 필요합니다. 우리 고장에서 일어나는 일을 가장 잘 알고 관심을 가지는 사람은 바로 우리 고장 사람들입니다. 지방 정부의 의견을 고려하지 않은 중앙 정부의 일방적인 결정은 그 고장의 사정을 제대로 반영하지 못하고 잘못된 결정을 내리게 합니다. 우리 고장 일은 우리가 결정한다는 지방 자치는 중앙 정부에 집중된 권력을 지방 정부에도 부여함으로써 지역의 균형 있는 발전을 꾀하고 중앙 정부가 권력을 남용하는 것을 방지할 수 있습니다. 또한 우리가 직접 동네일을 결정할 수 있으니, 우리 동네 민주주의가 실현될 수 있겠지요.

헌법, 나를 알려 줄게
헌법 전문과 헌법의 구성

보통 책 서문에는 본문에 대한 대략적인 설명과 글쓴이의 의도가 드러나 있습니다. 헌법에도 책의 서문 같은 역할을 하는 장치가 있는데, 바로 헌법 전문(前文)입니다. 이는 다른 법 규범에는 없는 헌법만의 특징이지요. 다른 나라 헌법을 살펴보면 헌법 전문이 없는 경우도 있습니다. 헌법에 반드시 전문이 있어야 하는 것은 아닙니다. 그러나 우리나라 헌법은 장대한 이야기를 시작하기에 앞서 전문이라는 예고편을 보여 줍니다. 전문은 헌법을 제정한 역사적 내력과 헌법 제정의 목적, 헌법을 제정한 주체, 헌법 본문에 나타나 있는 헌법의 기본 원리를 담고 있습니다.

헌법은 이렇게 전문과 본문, 그리고 헌법 시행에 필요한 부칙 조항들이 하나의 세트로 구성되어 있습니다. 헌법 전문도 각각의 조항과 마찬가지로 헌법의 일부를 구성하고 규범성을 가지고 있으며 재판의 근거로 작용하여 구체적 사건에 직접 적용될 수 있습니다. 즉 헌법 전문은 쓸데없는 장식이나 미사여구가 아니라, 헌법을 통해 권리를 찾을 수 있도록 돕는 유용한 도구입니다.

헌법의 구조

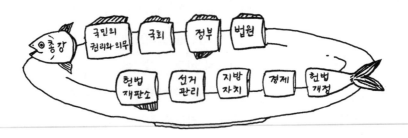

헌법 본문의 구조

　우리 헌법 전문은 끊어질 듯 이어지는 한 문장으로 되어 있습니다. 이 길고 긴 문장을 이해하기 쉽도록 끊어 읽으면 우리 헌법의 기본 원리들을 알 수 있습니다.

　"우리 대한국민은 (…) 1948년 7월 12일에 제정되고 (…) 국회의 의결을 거쳐 국민 투표에 의하여 개정한다."라고 하여 헌법 제정과 개정의 주체가 '우리 대한국민'임을 밝히고, 주권이 국민에게 있다는 국민 주권 원리를 나타내고 있습니다.

　"불의에 항거한 4·19 민주 이념을 계승하고, (…) 자유 민주적 기본 질서를 더욱 확고히 하여"라는 표현을 통해 민주주의 원리를 기본 원리로 삼고 있음을 알 수 있습니다. 또한 "밖으로는 항구적인 세계 평화와 인류 공영에 이바지함으로써"라는 표현에서는 국제 평화주의가 나타나고, "평화적 통일의 사명에 입각하여"라는 표현에서는 평화 통일의 원리가 나옵니다. 그밖에도 우리 헌법이 복지 국가와 문화 국가를 지향하고 있다는 점을 알 수 있습니다.

이 많은 내용을 한 문장으로 표현하다니 정말 대단하죠? 그러나 헌법 전문이 미처 담지 못하거나 놓치는 부분도 많습니다. 특히 "민족의 단결을 공고히 하고"와 같은 민족주의적 표현은 현대의 우리가 마주한 다문화 사회의 특성을 반영하기에는 한계가 있습니다. 또한 전문이라는 예고편 수준에서는 헌법의 기본 원리만 엿볼 수 있을 뿐 구체적인 내용을 파악하기는 어렵습니다. 다음 장부터는 우리 헌법이 어떤 얼굴을 가지고 있는지 하나하나 살펴보도록 합시다.

제1회 헌법능력평가

2004년, 정부는 수도권 과밀화 문제 해결을 위해 충청권에 행정 수도를 건설하는 〈신행정 수도의 건설을 위한 특별 조치법〉을 제안했고, 이 법안은 국회를 통과했습니다. 허나 얼마 후 행정 수도 이전에 반대하는 사람들이 이 법이 위헌이라며 헌법 소원을 제기했습니다. 헌법 재판소는 어떤 판결을 내렸을까요?

헌법 재판소는 이 법에 대해 위헌 판결을 내렸습니다. 서울이 수도인 것은 관습 헌법의 내용이며, 수도를 이전하는 것은 관습 헌법에 위반된다고 했지요. 또 관습 헌법을 개정할 때도 헌법 개정 절차가 필요한데 그러한 절차 없이 수도를 이전하는 것은 위헌이라고 했습니다. 관습 헌법은 무엇이고, 또 헌법 재판소는 무엇을 근거로 관습 헌법을 인정하는 것일까요?

헌법은 크게 성문 헌법과 불문 헌법으로 나뉩니다. 일정한 절차에 따라 문자로 표현되고 문서의 형식을 갖추어 성립된 헌법을 성문 헌법이라고 합니다. 성문 헌법과는 달리 문서화되지 않은 관습 헌법을 가지고 있는 경우를 불문 헌법이라고 하지요. 우리는 문서로 된 헌법전이 존재하는 성문 헌법 국가입니다. 성문 헌법 국가에서는 헌법 개정 절차를 일반 법률 개정 절차보다 어렵게 하여 권력자가 마음대로 헌법을 개정하지 못하게 합니다. 이러한 헌법을 경성 헌법이라고 합니다. 성문 헌법 국가에서는 헌법 개정 절차가 까다롭다 보니 시대의 변화와 국민의 욕구에 능동적으로 대응하기 어렵다는 단점이 있습니다.

반면 영국 같은 불문 헌법 국가에서는, 여러 혁명을 겪으며 헌법이라고 인정받은 사항들과 헌법적인 사항을 정해 놓은 여러 문서들을 한데 합쳐 헌법이라고 부릅니다. 관습 헌법은 주로 불문 헌법 국가의 헌법이 됩니다.

서울이 수도라는 것이 불문 헌법이 되는가는 별도로 하더라도 성문 헌법에 경성 헌법의 형태를 가진 우리나라의 헌법이 과연 불문 헌법인 관습 헌법을 인정할 수 있을까요? 함께 생각해 봅시다.

헌법은 어디까지나 국가의 기본적이고 핵심적인
사항만 정해야 한다고 생각해. 더군다나 우리나라
처럼 문서로 된 헌법은 모든 헌법 사항을 담을 수는
없잖아. 반드시 헌법에 의하여 규율되어 법률보다
효력상 우위를 가져야 할 만큼 헌법적으로 중요한
사항이라면, 문서화되어 있지 않아도 불문
헌법으로 인정해야 할 필요가 있다고 생각해.

우리 헌법이 경성 헌법의 형태를 취하고 있는 것은
헌법의 자의적인 개정을 막기 위해서야. 그런데 어떠한
사항을 불문 헌법이나 관습 헌법으로 인정해 버린다면
경성 헌법을 취한 의도를 무시하는 것은 아닐까?
게다가 관습 헌법이라고 확인하는 것은 국민이나 국회가
아닌 헌법 재판소가 하는 거잖아.
또 관습 헌법을 개정할 때도 성문 헌법처럼 엄격한 헌법
개정 절차를 요구한다면 먼가 형평에 맞지 않는 것 같아.

2장

나는 어떤 권리를
주장할 수 있나

기본권 이론

헌법 조항이
이렇게 허술해도 되는 걸까?
포괄적이고 일반적인 헌법의 성격

헌법이 이렇게
허술해도 되는 걸까?

헌법 조항은 법률 조항과는 다른 형태를 취하고 있습니다. 다른 법률과 비교하면 허술하기 짝이 없어 보이죠. 그러나 이것은 의도된 허술함입니다. 헌법 조항은 현실에 입각해서 미래의 상황을 예상하고 만들어진 것이기 때문에 그 내용이 구체적이기보다는 포괄적이고 일반적으로 규정되어 있는 경우가 많습니다.

대신 헌법을 정점으로 하는 하위의 개별 법령들은 헌법의 내용을 구체화합니다. 헌법 아래에는 법률, 명령, 규칙 등이 있습니다. 법률은 헌법을 구체화하면서 헌법의 한계를 넘지 못하고, 명령은 헌법과 법률을 구체화하면서 그 한계를 넘을 수 없습니다. 전체적으로 보면 피라미드 같기도 한 이 규범들의 체계는 모두 헌법의 울타리 안에서 유기적으로 연결되어 있습니다. 이처럼 헌법은 하위 법규들의 울타리 역할을 하고 있기 때문에 조금 엉성한 모습을 하고 있는 것입니다. 그러나 얼핏 보기에 엉성해 보여도 꼭 필요한 것

들을 포함하고 있기 때문에 헌법은 하위 법규들의 든든한 울타리가
될 수 있습니다.

헌법에는 '기본권' 조항이
있다? 없다?
기본권

기본권이란 인간의 존엄과 가치를 위한
실질적인 권리를 말합니다. 우리나라
헌법은 인간의 존엄성과 행복을 추
구할 권리를 보장하기 위해 기본권
을 정해 두고 있습니다. 하지
만 헌법에 '기본권'이라
는 단어가 나오지는 않
습니다. 대신 제2장에서
'국민의 권리와 의무'라
는 제목으로 제10조부터
제39조까지 총 29개의 조문으
로 각각의 권리와 의무가 나열되어 있습니다.

오늘날의 기본권은 근대 시민 혁명 이후 절대 군주로부터 개인의 자유와 권리를 확보하기 위한 근대 입헌주의의 과정에서 확립된 것입니다. 따라서 기본권의 기초에는 인간 존엄성의 원리에 입각한 자유권의 구체적인 모습으로 신체의 자유, 사상의 자유, 표현의 자유, 재산권 등이 있습니다. 이후 산업 혁명으로 시작된 자본주의의 발달과 함께 노동자와 사용자 간의 힘의 불균형이 초래되고 빈부 격차가 심각해지자 최소한의 인간다운 생활을 위한 권리를 보장해야 한다는 주장과 함께 실질적인 평등을 요구하는 사회권이 등장합니다. 사회권이 등장하자 기존의 기본권 영역이 확대되고 노동권과 환경권 같은 복합적 성격을 갖는 기본권도 등장했습니다. 특히 환경권은 국가를 배제시키기도 하고 국가의 개입을 요구하기도 하면서 동시에 국민들에게 의무를 부과하기도 합니다.

현대 사회에서는 기본권 주체와 삶의 다양성 때문에 기본권의 분류가 더욱 복잡해졌습니다. 어떠한 기본권이 자유권에 속하는지, 평등권에 속하는지, 사회권에 속하는지를 완벽하게 분류하는 것은 어려운 일입니다. 하지만 우리는 개별적인 기본권이 어떤 기본권에 속하는지 살피는 것보다 존엄과 가치를 실현하기 위한 실질적인 권리로서 이해하는 것이 더 중요하다는 것을 잊지 말아야 합니다.

우리는 존엄하고 행복해야 할 존재
인간의 존엄과 가치 & 행복 추구권

인간의 존엄성은 인간은 인간 그 자체로서 존엄하고 가치가 있다는 뜻입니다. 인간의 존엄성을 자연 과학적으로 증명할 방법은 없습니다. 돌고래보다 지능이 낮은 사람에게는 존엄성이 없다고 할 수 있을까요? 설사 이들에게 인간으로서의 존엄성이 없다고 한다면 그것이 다른 사람들과 다르게 취급해야 할 정당한 근거가 될 수 있을까요? 존엄성 문제는 증명해야 할 사실의 문제가 아니라 존중해야 할 가치의 문제입니다. 헌법은 인간의 존엄성을 증명하거나 발견한 것이 아니라, 인간을 존엄하고 가치 있는 존재로 대우하겠다는 의지를 확인한 것입니다. 인간의 존엄성은 제2차 세계 대전 이후, 패전국인 독일과 일본을 비롯한 많은 국가들이 인간의 존엄성을 무시했던 과거를 반성하며 헌법에 규정되었습니다.

행복 추구권을 처음으로 규정한 것은 1776년 미국의 버지니아 권리 장전이었습니다. 우리나라에서 인간의 존엄과 가치는 1962년 제5차 개헌 때 규정되었고, 행복 추구권은 1980년 제8차 개헌 때 추가되어 지금의 헌법에 이르고 있습니다. 헌법 제10조는 "모든 국민은 인간으로서 존엄과 가치를 가지며, 행복을 추구할 권리를 가진다."라고 하며 인간의 존엄과 가치 그리고 행복 추구권을 규정하고 있습니다. 이는 모든 기본권에 공통적으로 적용되는 이념인 동시에 우리 헌법의 최고 가치에 관한 규정이라고 할 수 있습니다. 인간의 존엄성과 행복 추구권은 다른 모든 기본권의 이념적 출발점이지만 독자적인 기본권이기도 합니다. 헌법 재판소는 행복 추구권에 일반적 행동 자유권, 개성의 자유로운 발현권, 자기 결정권, 계약의 자유 등이 포함되어 있다고 하며 생명권, 휴식권, 수면권, 일조권, 스포츠권 등도 행복 추구권의 내용이 될 수 있다고 했습니다.

같은 것은 같게, 다른 것은 다르게
평등권

민주가 중학교를 졸업하던 해의 일입니다. 민주는 설날이 오기만을 기다렸습니다. 곧 고등학생이 되기 때문에 친척 어른들께 세뱃돈을 많이 받을 수 있을 거라고 생각했기 때문입니다. 그런데 친척 어른들은 민주와 민주의 초등학생 남동생에게 각자 똑같은 금액의 세뱃돈을 주셨습니다. 민주는 매번 동생과 똑같이 용돈을 받는 것이 서운했습니다. 게다가 이제는 참고서도 더 많이 사야 하고, 필요한 돈도 더 많아질 텐데도 어린 동생과 같은 액수의 돈을 받는 것은 부당하다고 생각했습니다.

여러분 중에도 민주와 같은 생각을 하는 친구가 있을 거예요. 하지만 여러분이 민주의 동생이라면 누나와 똑같이 용돈을 받는 것이 부당하다고 생각할까요? 동생은 어쩌면 당연한 일이라고 생각할지도 모릅니다. 누나는 자기보다 몇 년 일찍 태어나 맛있는 것도 더 먹고 원하는 것도 더 많이 가졌는데, 용돈까지 더 받아야 한다면 억울할 수도 있습니다. 여러분도 집이나 학교에서 이와 비슷한 부당함을 자주 마주할 거예요. 왜 나를 다른 사람처럼 대우하지 않고 차별하는지, 아니면 왜 나를 다른 사람과 똑같이 대우하는지 생각하게 되는 일이 있을 겁니다. 이렇게 평등의 문제는 다른 사람과의 비교를 통해 생깁니다. **평등권**은 나를 다른 사람과 다르게 대우하지 말라, 아니면 나를 다른 사람과 다르게 대우하라는 것을 요구하는 권리입니다.

　헌법 제11조 제1항 앞부분에서는 "모든 국민은 법 앞에 평등하다."라고 하여 일반적 평등권을 규정하고 있습니다. 여기서 평등은 일체의 차별을 해서는 안 된다는 **절대적 평등**을 의미하는 것이 아니라 합리적으로 근거 있는 차별을 허용하는 **상대적 평등**을 의미합니다. 또한 평등은 차이를 고려하지 않고 누구에게나 똑같은 기회를 주는 **형식적 평등**을 의미하는 것이 아닙니다. 결과적 불평등을 배제하기 위해 개인의 조건이나 한계를 고려해서 기회를 주는 **실질적 평등**을 의미합니다. 모든 인간에게 자유와 기회가 주어져야 한다는 생각은 우리 모두가 평등한 존재라는 것에서부터 시작합니다.

그러나 인간이 존엄하다는 외침은 개개인의 자유만 보장한다고 저절로 실현되는 것은 아닙니다. 국가는 모든 국민이 실질적으로 동등한 기회를 가질 수 있도록 해야 합니다.

만약 민주와 동생이 똑같이 세뱃돈을 나눠 가진다면 절대적 평등과 형식적 평등만 이룰 수 있습니다. 하지만 각자의 나이와 상황에 맞게 필요한 금액를 고려해서 세뱃돈을 나눈다면 상대적 평등과 실질적 평등에 더 가까워질 수 있지 않을까요?

헌법은 이어서 구체적으로 평등권의 내용을 규정하고 있습니다. 제11조 제1항 뒷부분에서는 "누구든지 성별·종교 또는 사회적 신분에 의하여 정치적·경제적·사회적·문화적 생활의 모든 영역에 있어서 차별을 받지 아니한다."라고 규정하고 있으며, 제11조 제2항 및 제3항에서는 "사회적 특수 계급의 제도는 인정되지 아니하며, 어떠한 형태로도 이를 창설할 수 없다." "훈장 등의 영전˚은 이를 받은 자에게만 효력이 있고, 어떠한 특권도 이에 따르지 아니한다."라고 규정하면서 사회적 특수 계급 제도와 훈장 등 영전의 특전

10대를 위한 생각하는 헌법

을 부인하고 있습니다. 또한 제31조 제1항에서는 "모든 국민은 능력에 따라 균등하게 교육을 받을 권리를 가진다."라고 하여 차별의 기준으로서 능력만 고려할 것을 요청하고 있습니다. 제32조 제4항에서는 "여자의 근로는 특별한 보호를 받으며, 고용·임금 및 근로조건에 있어서 부당한 차별을 받지 아니한다."라고 규정하면서 근로의 영역에서 여성 차별을 금지할 뿐만 아니라 특별히 여성의 근로를 보호하고 있습니다.

가장 역사가 오래된 기본권
자유권

자유권은 국가 권력으로부터 개인의 자유를 보장하기 위한 것으로, 개인의 자유로운 생활에 대하여 국가의 간섭이나 침해를 받지 않을 권리를 말합니다. 국민이 국가에 대해 간섭하지 말아 달라고 요구하는 것으로, **소극적 권리**라고 하며 평등권과 더불어 인간의 존엄성을 실현하기 위한 본질적인 기본권입니다.

◆ **영전**
국민이나 외국인이 대한민국에 공적을 세웠을 때 수여하는 훈장, 포장 또는 표창을 말합니다. 대통령은 헌법 제80조, 제89조에 따라 국무 회의에서 심의를 한 후 법률이 정하는 바에 의해 훈장 등의 영전을 수여합니다.

이미 앞에서 살펴본 것처럼 자유권은 시민들이 투쟁을 통해 얻어 낸, 역사가 가장 오래된 권리입니다. 기본권의 대부분은 자유권이며 그 보호 영역도 넓고 다양합니다. 헌법에 규정된 자유권은 크게 신체의 자유, 사생활 영역의 자유, 정신생활 영역의 자유, 그리고 경제생활 영역의 자유로 구분할 수 있습니다. 이 중에서 사생활 영역의 자유에는 사생활의 비밀, 주거의 자유, 거주 이전의 자유, 통신의 자유 등이 있습니다. 정신생활 영역의 자유에는 양심의 자유, 종교의 자유, 표현의 자유, 학문과 예술의 자유 등이 해당됩니다. 경제생활 영역의 자유에는 직업의 자유와 재산권 보장 등이 있습니다.

이러한 자유권 중에서도 가장 기본이 되는 것은 바로 신체의 자유입니다. 신체의 자유가 확보되지 못한 상태에서는 다른 자유권이 보장된다고 해도 큰 의미가 없기 때문입니다. 우리 헌법은 신체의 자유를 보장하기 위해 다음과 같은 규정을 두고 있습니다. 고문 금지 및 묵비권 행사, 영장 제도, 구속 적부 심사 제도, 죄형 법정주의, 일사부재리의 원칙, 연좌제 금지의 원칙, 무죄 추정의 원칙 등이 그것입니다.

신체의 자유	
고문 금지 및 묵비권 행사	헌법 제12조 제2항은 "모든 국민은 고문을 받지 아니하며, 형사상 자기에게 불리한 진술을 강요당하지 아니한다."라고 하여 고문 금지와 형사 피의자나 피고인이 심문에 대하여 자기에게 불리한 진술을 거부하고 침묵할 수 있는 묵비권 행사를 규정하고 있습니다.
영장 제도	헌법 제12조 제3항은 "체포·구속·압수 또는 수색을 할 때에는 적법한 절차에 따라 검사의 신청에 의하여 법관이 발부한 영장을 제시하여야 한다."라고 하여 영장 제도를 규정하고 있습니다.
구속 적부 심사 제도	구속된 피의자에 대하여 법원이 구속의 적법성과 필요성을 심사해서 그 타당성이 없으면 피의자를 석방하는 제도입니다. 헌법 제12조 제6항 "누구든지 체포 또는 구속을 당한 때에는 적부의 심사를 법원에 청구할 권리를 가진다."라고 하여 구속 직부 심사 제도를 규정하고 있습니다.
죄형 법정주의, 일사부재리의 원칙	죄형 법정주의는 범행 당시 법에 의해 범죄가 되지 않으면 처벌할 수 없다는 것입니다. 일사부재리의 원칙은 한번 처벌받은 범죄에 대해 다시 처벌할 수 없다는 것입니다. 헌법 제13조 제1항은 "모든 국민은 행위 시의 법률에 의하여 범죄를 구성하지 아니하는 행위로 소추되지 아니하며, 동일한 범죄에 대하여 거듭 처벌받지 아니한다."라고 하여 죄형 법정주의와 일사부재리의 원칙을 명시하고 있습니다.
연좌제 금지의 원칙	헌법 제13조 제3항은 "모든 국민은 자기의 행위가 아닌 친족의 행위로 인하여 불이익한 처우를 받지 아니한다."라고 하여 범죄자와 특정 관계에 있는 친족을 연관시켜 죄 없이 처벌할 수 없다는 연좌제 금지의 원칙을 명시하고 있습니다.
무죄 추정의 원칙	헌법 제27조 제4항은 "형사 피고인은 유죄의 판결이 확정될 때까지는 무죄로 추정된다."라고 하여 무죄 추정의 원칙을 명시하고 있습니다.

완벽한 파라다이스국에
딱 한 가지 없는 것
참정권

파라다이스국은 나라 이름처럼 가난한 사람도 없고 범죄자도 없는 곳입니다. 또한 국민들 모두 나쁜 마음이 없어서 항상 다툼 없이 평화롭습니다. 다만 딱 한 가지 문제가 있다면, 이곳에서는 왕이 모든 정책을 혼자 결정하고 국민들은 앉아서 왕의 정치를 구경만 한다는 것입니다. 즉 파라다이스국에서는 자유와 평등은 실현되고 있지만 국민들이 정치에 참여할 자유는 없습니다.

여러분은 자유와 평등이라는 두 가지 이념이 인간의 존엄과 가치의 실현에서 없어서는 안 될 중요한 가치라는 것에 동의할 것입니다. 그렇다면 '자유와 평등이 실현될 경우, 참정권은 없어도 되지 않을까?'라는 의문이 들 수 있습니다. 그러나 진정한 자유는 자신의 삶에서 주체가 되어 스스로 결정할 때 가능해집니다. 우리는 역사 속에서 절대 권력이 부패하는 모습과 독재자가 잘못된 결단을 내리는 모습을 지켜봤습니다. 그래서 현대에는 이와 같은 교훈을 통해서 대다수의 국가가 민주주의를 표방하고 있으며, 국민들이 주권을 행사하거나 정책 결정에 참여할 수 있는 길을 보장하고 있습니다. 이렇게 민주 국가의 주권자인 국민이 국가의 정책 결정에 직접 참

10대를 위한 생각하는 헌법

가하거나 대표자를 뽑는 선거에 참여할 수 있는 권리를 **참정권**이라
고 합니다.

참정권은 민주주의 국가에서 없어서는 안 될 권리이지요. 참정
권에는 국민이 직접 국가 정책 결정에 참여할 수 있는 국민 투표권
같은 **직접 참정권**뿐만 아니라 대통령과 국회 등 국가 기관을 구성
하는 선거권, 국가 기관의 구성원으로 선임될 수 있는 공무 담임권
등의 **간접 참정권**이 있습니다. 공무 담임권은 국가 공직을 담당할
수 있는 권리로, 선거에 나가 국민의 선택을 받을 수 있다는 의미에
서 피선거권이라고도 합니다. 헌법 제24조와 제25조에서는 "모든
국민은 법률이 정하는 바에 의하여 선거권을 가진다." "모든 국민은
법률이 정하는 바에 의하여 공무 담임권을 가진다."라고 규정하면
서 국민의 참정권을 보장하고 있습니다.

참정권은 주권자로서 정치에 참여하는 적극적인 권리로, 외국인
에게는 제한적으로 인정됩니다. 최근에는 외국인에게도 일정한 범

위 내에서 참정권을 부여하려는 경향이 있습니다. 외국인이라도 우리나라에 오래 거주하면서 지역 문제에 관심이 많다면 참정권을 보장하는 것이 민주주의 원칙에 부합하기 때문입니다. 〈공직 선거법〉에서는 일정한 요건을 구비한 외국인에게 지방 선거 선거권을 인정하고 있습니다(〈공직 선거법〉 제15조 제2항). 또한 〈주민 투표법〉에서도 일정한 자격을 갖춘 외국인에게 투표권을 부여하고 있습니다. 더나아가 외국인을 국가 공무원과 지방 공무원에 임용하는 것도 가능해졌습니다(〈국가 공무원법〉 제26조의3, 〈지방공무원법〉 제25조의2).

기본권을 위한 기본권
청구권

국가의 간섭에서 벗어나 자유롭게 살기를 원했던 시민들은 국가가 나의 권리를 침해했을 때 가만히 있을 수 없었습니다. 시민들은 국가를 상대로 침해된 권리를 구제하라고 요구하기 시작했죠. 이를 청구권이라고 합니다. **청구권**은 자유권과 함께 고전적 기본권에 속하는 것으로, 다른 권리나 이익을 확보하기 위해 국가에 대하여 일정한 행위를 요구할 수 있다는 의미에서 적극적인 권리라고 부르기도 합니다. 또한 청구권은 다른 기본권 보장을 위한 수단적 권리로서의 성격이 강합니다. 국가에 일정한 행위를 요구할 수 있다는 점에서는 다음에 설명할 사회권과도 유사합니다. 하지만 사회권은 최소한의 인간다운 생활을 보장해 줄 것을 요구하는 권리이므로, 침해된 다른 기본권을 회복하기 위한 청구권과는 구별됩니다. 헌법 제26조~제30조에서는 청구권을 규정하고 있습니다. 여기에는 청원권, 재판 청구권, 형사 보상 청구권, 국가 배상 청구권, 범죄 피해자 구조 청구권 등이 있습니다.

청원권은 법률이 정하는 바에 의해 모든 국민이 국가 기관에 자신의 희망 사항을 문서로 요구할 수 있고, 국가는 이 청원에 대해 심사할 의무를 가진다는 것입니다. **재판 청구권**은 모든 국민이 헌법과 법률이 정한 법관에 의하여 법률에 따라 재판을 받을 권리를 말합니다. **형사 보상 청구권**은 형사 피의자 또는 피고인이 불기소 처분 또는 확정 판결에 의하여 무죄를 선고받은 경우 국가에 물질적 · 정신적 보상을 청구할 수 있는 권리입니다. 그 예로 1995년에 있었던 치과 의사 모녀 살인 사건에서 피고인은 1심에서 사형을 선고받았지만 복역 중에 끝내 무죄 확정 판결을 받았습니다. 그래서 그는 아내와 딸을 살해했다는 누명 때문에 사람들로부터 받게 된 비난과 억울한 수감 생활에 대해 국가에 형사 보상을 청구했습니다. **국가 배상 청구권**은 국가 또는 지방 자치 단체의 공무원이 직무를 하면서 고의 또는 과실로 법령을 위반해 국민에게 손해를 끼쳤을 때, 이에 대해 배상을 청구할 수 있는 권리를 말합니다. 예를 들어 서울시 공무원이 도로 관리를 제대로 하지 못해서 길을 지나가던 시민이 도로에 발이 빠져 사고가 난 경우 배상을 청구할 수 있습니다. **범죄 피해자 구조 청구권**은 다른 사람의 범죄로 인해 생명·신체에 피해를 입은 국민이 국가에 대해 일정한 보상을 청구할 수 있는 권리를 말합니다. 하루하루 열심히 일해서 먹고사는 한 할아버지가 늦은 밤 집에 가다가 불량배들에게 폭행을 당했다고 생각해

봅시다. 가해자들은 잡히지 않고, 할아버지는 부상 때문에 일을 할 수 없어 당장 먹고사는 것이 막막하다면 어떻게 해야 할까요? 이럴 때는 범죄 피해자인 할아버지가 범죄 피해자 구조 청구권을 행사할 수 있습니다.

적극적으로 보장해 줘!
사회권

근내의 자유 이념은 사본주의 경제를 발달시기고 물실적으로 풍요

10대를 위한 생각하는 헌법

로운 사회를 가져왔습니다. 당시의 보편적인 생각은, 사람들은 저마다 경제적인 이윤을 좇아 행동하기 때문에 자유롭게 행동할 수 있는 권리만 보장한다면 시장은 완벽한 조화를 이룰 것이며, 따라서 법률이나 정부의 외부적 개입은 최소한에 머물러야 한다는 것이었습니다.

　노동자가 노동력을 제공하고 사용자가 임금을 지불하기로 하는 고용 계약은 계약 자유의 원칙에 따라 한쪽이 원하지 않으면 그 계약이 성사되지 않을 것처럼 보입니다. 하지만 실제로 노동자들은 열악한 조건일지라도 적은 액수의 돈이나마 벌기 위해 어쩔 수 없이 계약에 합의할 수밖에 없었습니다. 성인 남성에 비해 상대적으로 노동 가치가 떨어진다고 생각되었던 여성과 아동의 노동력은 더욱 착취당했고, 사회 구성원들은 인간으로서 마땅히 누려야 할 권리를 보장받지 못하는 일이 늘었습니다. 그리하여 사회는 점점 빈부 격차가 심화되었고, 자유 이념은 실질적인 인간 존엄을 실현하지 못했습니다. 그래서 등장한 것이 바로 사회권입니다.

　사회권은 모든 사회 구성원들의 인간다운 생활을 보장하기 위해 국가에 적극적인 배려를 요구하는 권리입니다. 국가에 인간다운 생활의 보장을 요구한다는 점에서 **적극적 권리**라고도 합니다. 그러나 오해하지 말아야 할 것은 이때 '인간다운 생활'의 수준은 최대한의 실현이 아니라 최소한의 수준에 그친다는 것입니다. 최대한 실현을 해 준다면 너도 나도 국가에게 인간다운 생활을 보장하라고 하겠지요?

사회권은 현대 복지 국가에서 가장 최근에 등장한 권리입니다. 최소한의 생활을 보장받고 실질적인 평등을 실현하기 위해서는 기존의 청구권만으로는 부족했기 때문이죠. 왜냐하면 청구권은 기존의 기본권의 존재나 침해를 전제로 인정되는 것이기 때문입니다. 우리 헌법은 제31조~제36조에서 인간다운 생활을 할 권리, 교육을 받을 권리, 근로의 권리, 근로자의 단결권·단체 교섭권·단체 행동권, 환경권 등을 규정하고 있습니다. 이 중에서 인간다운 생활을 할 권리는 나머지 사회권이 추구해야 할 궁극적인 목적에 해당하고, 다른 사회권은 이 목적을 실현하기 위한 방법이라고 할 수 있습니다.

10대를 위한 생각하는 헌법

기본권도 제한이 필요하다고?!
기본권의 제한

기본권의 보호 영역은 기본권에 의해 보호되는 일정한 생활 영역을 말합니다. 각각의 기본권은 저마다 보호 영역이 있는데, 직업·양심·종교·예술 같은 기본권 보장의 주제를 말합니다. 또한 기본권의 보호 영역은 일정한 행위를 포함하는데, 예를 들어 직업의 자유는 어떤 직업을 가질 것인지 선택하는 직업 선택의 자유와 선택한 직업을 행할 수 있는 직업 수행의 자유를 포함합니다. 또한 양심의 자유는 마음속으로 양심을 형성하는 양심 형성의 자유와 양심의 결정을 외부에 밝히거나 행동으로 옮기는 양심 실현의 자유 등이 포함됩니다.

그러나 나의 기본권이 아무리 소중하다고 하더라도 일정한 제한을 허용할 수밖에 없습니다. 예를 들어 여러분이 한강 상류에 넓은 땅을 가지고 있고, 여기에 화장품 공장을 세우고 싶다고 생각을 해 봅시다. 하지만 아무리 이곳이 여러분의 땅일지라도 화장품 공장을 세울 수는 없습니다. 한강의 물은 수도권 주민들의 식수로 제공되기 때문입니다. 즉 재산권은 기본권으로 보호받아야 하지만 공공복리를 위해 제한을 받게 됩니다.

우리 헌법은 기본권을 제한하는 경우를 예상하여 제37조 제2항에 "국민의 모든 자유와 권리는 국가 안전 보장, 질서 유지 또는 공공복리를 위하여 필요한 경우에 한하여 법률로써 제한할 수 있으며, 제한하는 경우에도 자유와 권리의 본질적인 내용을 침해할 수 없다."라고 규정하고 있습니다. 이는 단순히 형식적으로 기본권 제한의 원칙을 말하는 것이 아닙니다. 국가 안전 보장, 질서 유지 또는 공공복리를 헌법이 보장하는 다양한 기본권적인 가치들, 그리고 기본 원칙과 제도 같은 것들과 조화시키려는 것입니다.

기본권의 제한은 원칙적으로 '법률'의 형식으로써만 가능합니다. 기본권을 제한하는 목적이 정당하고 또 그 제한을 법률로 했다고 하더라도 반드시 최소한으로 해야 합니다. 이를 **과잉 금지의 원칙** 또는 **비례의 원칙**◆이라고 합니다. 기본권을 제한하는 법률은 그 내용면에서도 일정한 한계가 있습니다. 헌법은 제37조 제2항 마지막 부분에서 "기본권을 제한하는 경우에도 자유와 권리의 본질적인 내용을 침해할 수 없다."라고 규정하고 있습니다. 기본권을 제한해야 할 필요성이 아무리 크다고 해도 기본권의 본질적인 내용을 침

◆ **과잉 금지의 원칙 또는 비례의 원칙**
우리 헌법은 국민의 기본권을 제한하는 입법을 할 때 과잉 금지의 원칙을 준수하도록 합니다. 과잉 금지의 원칙은 국민의 기본권을 제한하는 법률은 목적의 정당성, 수단의 적합성, 피해의 최소성, 법익의 균형성을 준수해야 한다는 것입니다. 만약 이를 위반하면 위헌인 법률이 됩니다.
목적의 정당성이란 국민의 기본권을 제한하는 입법의 목적이 헌법과 법률의 체계 내에서 정당성을 인정받을 수 있어야 한다는 것입니다. 수단의 적합성이란 입법이 입법 목적을 실현하는 데 용이하게 하는 수단이어야 하는 것을 말합니다. 피해의 최소성이란 입법권자가 선택한 기본권 제한의 방법이 입법 목적 달성을 위해 적절한 것이더라도 기본권을 가장 덜 침해하는 수단이나 방법을 선택해야 하는 것을 말합니다. 법익의 균형성이란 입법에 의해 보호하려는 공익과 침해되는 사익의 균형성을 모두 갖추어야 하는 것을 말합니다.

해할 수 없다는 것입니다. 그렇다면 '본질적 내용'이란 무엇일까요?

몇 년 전, 연쇄 살인범 강호순이 자신의 범행을 책으로 출판하여 아들에게 인세를 주고 싶다고 말해서 사회에 큰 충격을 준 적이 있습니다. 여러분은 강호순의 이런 말에 대해 어떻게 생각하나요? 원칙적으로 구치소나 교도소에 있는 수감자에게도 표현의 자유와 출판의 자유가 보장됩니다. 수감자도 그가 저지른 범죄와는 무관하게 한 사람의 인간으로서 그의 생각을 글로 집필하고 출판할 수 있습니다. 강호순이 자신의 책에 범행 방법을 구체적으로 서술한다면 모방 범죄가 잇따라 일어나 사회를 어지럽힐 수 있다는 우려가 있지만, 이것을 이유로 종이와 연필조차 주지 않는 것은 표현의 자유의 본질적 내용을 침해하는 것입니다.

무엇이 본질적이냐를 따지는 것은 사실 어려운 문제입니다. 헌법적 사례들은 입체적이고 고려해야 할 요소들이 많기 때문에, 문제를 시원하게 해결해 줄 하나의 일관된 기준을 마련하는 것은 어려운 일입니다. 그러나 헌법이 다양한 기본권적 가치들과 헌법적 가치들에 대한 사려 깊은 고민 없이 국가 안전 보장, 질서 유지 또는 공공복리라는 이름으로 기본권을 제한하려 한다면 악용될 가능성이 높아지겠지요.

제2회 헌법능력평가

어느 날 민주가 집 앞에서 조그만 벌레를 보고 벌벌 떠는 남동생에게 "으이그, 넌 빨리 군대를 갔다 와야 진짜 남자가 되지."라며 타박을 하고 있었습니다. 그런데 그 모습을 지켜보던 옆집 대학생 오빠가 민주와 동생에게 말을 걸었습니다.

"군대는 사람이 사람을 해칠 수 있다는 게 전제되어 있는 곳이고, 결국 전쟁을 위한 공간인데 왜 이런 군대를 가야 한다고 생각하는 거야?"

민주는 지금까지 한번도 생각해 보지 못한 오빠의 이야기에 말문이 턱 막혔습니다.

알고 보니 오빠는 평화를 사랑하고 전쟁을 거부하는 반전주의자였습니다. 그런데 이런 오빠가 며칠 전 입영 통지서를 받았다고 합니다. 군대에 가면 총을 들고 전쟁의 기술을 훈련받아야 하는데, 오빠는 자신의 신념에 반하는 군대에 가고 싶지 않다고 했습니다. 하지만 한편으로는 대한민국의 국민으로서 국방의 의무를 다해야 하는 게 아닐까 하는 생각이 들어 고민이라고 했습니다. 여러분은 어떻게 생각하나요? 자신의 신념과 국방의 의무가 충돌한다면 어떻게 해야 할까요?

민주의 옆집 오빠처럼 반전주의나 평화주의, 또는 종교적 신념에 따라 군대에 갈 수 없다고 생각하는 사람들을 양심적 병역 거부자라고 합니다. 그런데 이들을 단순하게 국가에 대한 병역 의무를 거부하는 사람들로 볼 수 있을까요?

함께 살펴본 것처럼 우리나라 헌법은 개인의 양심의 자유와 신앙의 자유를 보장하고 있습니다. 따라서 양심적 병역 거부 문제에서는 국가에 대한 의무, 그리고 헌법에 보장된 기본권인 양심과 신앙의 자유가 서로 충돌하고 있습니다. 여러분은 이 중에서 어떤 것을 우선해야 한다고 생각하세요?

당연히 국방의 의무가 먼저지. 국가가 있기 때문에
양심도 신앙도 지킬 수 있는 게 아닐까?
게다가 병역 의무를 다하지 않는 사람에게 형사
처벌 같은 강제력을 행사하지 않는다면 누가 군대에
가려고 하겠어. 손쉽게 봉사 활동이나 대체 복무를
하면 될 텐데 말이야.

난 국가 안보 때문에 양심과 신앙의 자유를 양보할
수 없다고 생각해. 최대한 이 둘을 실현하면서
조화시킬 수 있는 방법을 찾아봐야 하는 거
아니야? 예를 들어서 양심적 병역 거부자들은
총을 드는 훈련에서 제외해 준다거나 일반 병역
의무자들보다 복무 기간을 길게 하는 방식으로
말이야.

3장

민주의 일상에서
만나는 헌법

기본권 사례

헌법 해석 안에 기본권 있다?

헌법 해석으로 보는 기본권

헌법을 읽던 민주가 "헌법이 이렇게 허술해도 되는 걸까?"라고 생각하던 장면을 기억하나요? 앞에서 본 것처럼 헌법 규정은 다른 법과는 달리 추상적이고 불확정적입니다. 헌법이 모든 상황을 예상해서 구체적이고 세부적으로 규정된다면 헌법전이 엄청 두꺼워질 뿐만 아니라 가끔 놓친 내용도 생길 겁니다. 그러나 적당히 개방된 형태로 두고 시대와 상황에 맞게 해석하면서 헌법의 모습을 확인해 간다면 더 효율적이지 않을까요? 헌법이 개방하고 있는 영역은 해석을 통해 보충해야 합니다. 헌법 재판소의 결정은 헌법 해석을 통해 헌법을 확인해 가는 과정이라고 볼 수 있습니다.

이번 장에서는 민주의 일상 속에서 기본권 조항의 모습과 헌법 재판소의 결정들을 살펴보려고 합니다. 헌법 조문은 간단하지만 상황에 따라 다양하게 해석될 수 있기 때문에 각 기본권 조항의 모든 면모를 살펴보기는 어렵습니다. 하지만 몇 가지 조항을 구체적으로 살피다 보면 헌법과 한 걸음 더 가까워질 수 있을 거예요.

사투리를 쓰는 것도
행복 추구권이야!

행복 추구권

민주는 중학교 2학년 때까지 부산에
서 살다가 서울로 이사를 왔습니
다. 지금은 서울말이 어느 정도
익숙해지긴 했지만 처음 서울
에 올라왔을 때만 해도 부산
사투리를 썼습니다. 그런데 친
구들은 민주가 사투리를 쓴다며

놀려 댔습니다. 민주는 고향 말인 부산 사투리를 아끼고 사랑하는데
교과서나 방송에서는 죄다 서울말만 쓰고, 사투리를 쓰면 친구들이
놀리니 무척 속상했습니다. 각 지역의 정서와 문화가 풍부하게 담
긴 사투리를 함께 쓰면 감정도 더욱 다채롭게 표현할 수 있고 우리
말도 더욱 풍성해질 텐데 말입니다.

지역 방언을 자신의 언어로 선택하여 공적 또는 사적인 의사소
통 및 교육의 수단으로 쓰는 것은 **행복 추구권**에서 파생되는 일반
적 행동 자유권 내지 개성의 자유로운 발현권의 한 내용이 됩니다.
그러니까 민주가 수업 시간에 발표를 할 때 사투리를 쓰는 것도, 친구들과 이야기를 할 때 사투리를 쓰는 것도 모두 헌법이 보호하는 행복 추구권인 것이죠.

우리 친구들은 공부를 참 열심히 하더군요. 그런데 놀고 싶을 때 노는 것, 하고 싶은 일이 있을 때 그 일을 하는 것도 행복 추구권에서 나오는 일반적 행동 자유권이라는 사실을 알고 있나요? **일반적 행동 자유권**은 어떤 행동을 할 자유뿐만 아니라 어떤 행동을 하지 않을 자유까지 포함합니다. 독서나 음악 감상처럼 가치 있다고 생각되는 행동만 보호하는 것은 아닙니다. 책을 찢는 행동이라든가 시끄러운 음악을 듣는 행동도 보호받을 수 있습니다. 일반적 행동 자유권에는 취미뿐만 아니라 개인의 생활 방식에 관한 사항도 포함되는데, 위험한 스포츠를 즐길 권리처럼 위험한 생활 방식으로 살아갈 권리도 포함됩니다. 행복 추구권에는 개인에게 중요하고 사적인 사안에 관해 공권력으로부터 간섭을 받지 않고 스스로 결정할 수 있는 **자기 결정권**도 포함됩니다. 예를 들면 낙태, 죽음, 성적 행위, 생활 방식 등도 자기 결정권과 연결될 수 있습니다(2009. 5. 28. 2007헌마369◆).

◆ 헌법 재판소 판례 번호 읽는 법
예) 2009. 5. 28.　　2007헌마369
　　└ 심판 선고 일자　　└ 사건 번호

10대를 위한 생각하는 헌법

아무런 상관관계가 없어 보였던 사투리 사용이 헌법에 보장된 행복 추구권에 포함된다는 사실이 놀랍다고요? 게다가 책을 찢고, 시끄러운 음악을 듣고, 위험한 스포츠를 즐기는 것처럼 헌법이 외면할 것 같던 영역도 행복 추구권의 내용이 되다니, 헌법은 생각보다 성격이 좋지요? 그러나 헌법이 이런 것들을 모두 보장해 준다고 하더라도 모든 행동이 무조건 보호의 대상이 되는 것은 아닙니다. 다른 기본권과 공익과의 조화 속에서 보호의 범위가 결정되어야 하죠. 나의 자유가 다른 사람에게 피해가 되지 않도록 말이에요.

어떤 게 진짜 평등일까?
제대 군인 가산점 제도로 본 평등권

민주네 사촌 언니 지유는 몇 년 전, 군대에 갔다가 복학한 선배 준수와 함께 9급 공무원 시험을 봤습니다. 서로 격려하며 열심히 공부를 한 두 사람은 신기하게도 똑같은 점수를 받았습니다. 그런데 지유는 시험에 떨어지고 준수는 합격했습니다. 같은 점수를 받은 두 사람의 시험 결과가 어떻게 이렇게 다를 수 있냐고요? 준수는 군 복무를 마친 사람에게만 주는 제대 군인 가산점을 받아 시험에 합격할 수 있었습니다. 공무원 시험 하나만 바라보고 열심히 공부했던 지유는 너무 속상했습니다. 그리고 군대에 다녀온 남자에게만 가산점을 주도록 한 제대 군인 가산점 제도는 헌법의 평등 원칙에 위배된다고 생각했습니다.

제대 군인 지원에 관한 법률 시행령 (1998.8.21. 대통령령 제15870호로 제정)
제9조 채용 시험의 가점 비율 등

① 법 제8조 제1항의 규정에 의하여 제대 군인이 채용 시험에 응시하는 경우의 시험 만점에 대한 가점 비율은 다음 각호의 1과 같다.
  1. 2년 이상의 복무 기간을 마치고 전역한 제대 군인: 5퍼센트
  2. 2년 미만의 복무 기간을 마치고 전역한 제대 군인: 3퍼센트

② 법 제8조 제3항의 규정에 의한 채용 시험의 가점 대상 직급은 다음 각호와 같다.
  1. 국가 공무원법 제2조 및 지방 공무원법 제2조에 규정된 공무원 중 6급 이하 공무원 및 기능직 공무원의 모든 직급
  2. 국가 유공자 등 예우 및 지원에 관한 법률 제30조 제2호에 규정된 취업 보호 실시 기관의 신규 채용 사원의 모든 직급

군대에 가야 하는 남성은 군대에 있는 기간 동안 취업 기회가 제한됩니다. 이를 보상하기 위해 〈제대 군인 지원에 관한 법률 시행령〉은 **제대 군인 가산점 제도**를 규정했습니다. 군대에 있는 동안에

는 취업을 할 수 없고 또 공무원 시험을 준비하거나 학점을 취득하는 등 취업을 준비하는 기회를 가질 수 없습니다. 제대 군인 가산점은 이런 불이익을 메워 주어 군 복무를 마치고 빠르게 사회에 복귀할 수 있도록 돕기 위해 만들어진 제도입니다.

제대 군인 가산점 제도는 여성을 차별하는 제도로 볼 수 있습니다. 하지만 이 제도는 또한 현역으로 복무할 수 있는 건장한 남성과 질병이나 장애로 병역 의무를 면제받은 남성을 차별하는 제도이기도 합니다. 즉 가산점 제도는 공직 수행 능력과는 전혀 상관없는 성별이나 장애를 기준으로 여성과 장애인의 사회 진출을 박탈할 수 있습니다. 1점도 안 되는 점수 차이로 당락이 결정되기도 하는 공무원 시험에서 제대 군인에게만 횟수에 제한 없이 몇 년이고 3~5퍼센트의 가산점을 준다면, 가산점을 받지 못하는 여성과 그 밖의 남성에게는 가혹한 일일 것입니다. 헌법 재판소는 1999년 재판관 9명 전원 일치로 제대 군인 가산점 제도에 위헌 판결을 내린 적이 있습니다(헌재 1999. 12. 23. 98헌마363). 차별을 통해 달성하려는 입법 목적에 비해 차별로 생기는 불평등의 효과가 너무 크다고 생각했기 때문입니다.

그렇다면 여성이나 장애인에게 가산점이나 고용 할당을 주는 **여성 할당제**나 **장애인 의무 고용 제도**는 왜 위헌이 되지 않고 제대 군인에게 주는 가산점만 위헌이 되는 것일까요?

여성 할당제는 **적극적 평등 실현 조치**로서 **잠정적 우대 조치**라고도 하는데, 이는 종래에 사회로부터 차별을 받은 일정 집단에 대해 차별로 인한 불이익을 보상해 주기 위해 시행되는 제도 및 정책을 말합니다. 적극적 평등 실현 조치를 차별로 인한 평등권 침해로 보지 않는 이유는 이러한 우대 조치가 기존에 차별을 받아 온 집단에 대해, 형식적인 기회의 평등이 아닌 결과적 평등을 실현할 때까지 잠정적으로 시행되는 것이기 때문입니다. 오히려 적극적 평등 실현 조치는 소외된 집단을 사회의 중심으로 끌어들여 그들의 인간다운 생활을 보장하며 사회 통합에도 기여합니다.

제대 군인 가산점 제도가 위헌이라는 결정이 내려진 후에도 국회에서는 계속해서 이 제도를 부활시키려는 움직임이 있었습니다. 게다가 위헌 판결을 내렸던 15년 전과는 달리 현재는 여성들의 사회 진출이 활발해졌으며, 여성이 남성을 능가하는 역량을 보이기도 합니다. 그리하여 적극적 평등 실현 조치 때문에 남성들이 역차별을 받고 있다는 목소리도 높습니다.

헌법 재판소가 한번 위헌이라고 결정한 사항은 계속해서 위헌인 것이 아니라 시대와 상황이 변하면서 바뀔 수 있습니다. 제대 군인 가산점 제도가 다시 부활할 수 있을까요? 만일 제대 군인 가산점 제도를 다시 시행한다고 하더라도 사회적 갈등과 마찰을 최소화할 수 있는 범위에서 제도를 결정해야 할 것입니다.

주이슬 선생님의 음주 측정 거부
신체의 자유

민주네 학교 체육 선생님인 주이슬 선생님은 술을 조금만 마셔도 얼굴이 새빨개지는 체질입니다. 오랜만에 학교 선생님들과 회식을 하던 주 선생님은 흥에 겨워서 술을 딱 한 잔 마시게 되었고, 회식이 끝난 후 '겨우 한 잔인데 뭐 어때…' 하는 마음으로 직접 차를 몰고 집으로 향했습니다. 그러다가 집 앞 골목에서 음주 단속을 하던 경찰과 마주쳤습니다. 경찰은 주 선생님에게 음주 측정에 응해 달라고 요구했습니다. 하지만 주 선생님은 자신은 술을 아주 조금만 먹어도 얼굴이 빨개지는 체질일 뿐 절대 취한 것은 아니라며 끝내 음주 측정기를 불지 않았습니다. 그러다 결국 〈도로 교통법〉에 의해 벌금 100만 원을 내게 되었습니다.

주 선생님은 경찰이 음주 측정을 요구하는 것과 이에 응하지 않으면 형벌을 부과하도록 하는 〈도로 교통법〉이 헌법 제12조 제2항이 보호하는 진술 거부권을 침해한다고 생각했습니다. 또 음주 측정을 요구하면서 영장을 제시하지 않는 것은 헌법 제12조 제3항이 정한 영장주의를 위반했다고 생각했습니다.

헌법 제12조 제2항은 "모든 국민은 고문을 받지 아니하며, 형사상 자기에게 불리한 진술을 강요당하지 아니한다."라고 규정하고 있습니다. 얼핏 생각해 보면 음주 측정 거부가 진술 거부에 해당하는 것처럼 보입니다. 하지만 **진술**은 자신의 생각이나 지식, 경험을 정신 작용인 언어를 통해 나타내는 것인 반면, 음주 측정은 호흡 측정기에 입을 대고 호흡을 불어 넣음으로써 신체의 물리적 상태를 객관적으로 확인하는 것입니다. 따라서 호흡 측정은 진술이 아니기 때문에 호흡 측정에 응하지 않았다고 해서 처벌을 하는 것이 진술 강요에 해당한다고 할 수 없습니다.

도로 교통법 (1995.1.5. 법률 제4872호로 개정된 것)

제41조(주취 중 운전 금지) ② 경찰 공무원은 교통안전과 위험 방지를 위하여 필요하다고 인정하거나 제1항의 규정에 위반하여 술에 취한 상태에서 자동차 등을 운전했다고 인정할 만한 상당한 이유가 있는 때에는 운전자가 술에 취했는지의 여부를 측정할 수 있으며, 운전자는 이러한 경찰 공무원의 측정에 응하여야 한다.

제107조의2(벌칙) 다음 각 호의 1에 해당하는 사람은 2년 이하의 징역이나 300만 원 이하의 벌금의 형으로 벌한다.
　　2. 술에 취한 상태에 있다고 인정할 만한 상당한 이유가 있는 사람으로서
　　　　제41조 제2항의 규정에 의한 경찰 공무원의 측정에 응하지 아니한 사람

또한 우리 헌법 제12조 제3항은 "체포·구속·압수 또는 수색을 할 때에는 적법한 절차에 따라 검사의 신청에 의하여 법관이 발부한 영장을 제시하여야 한다."라고 규정하면서 **영장주의**를 헌법적 차원에서 보장하고 있습니다. 이 영장주의는 법관이 발부한 영장이

없으면 수사에 필요한 강제적인 처분을 하지 못한다는 뜻이기도 합니다. 그러나 음주 측정은 호흡 측정의 특성상 당사자가 자발적으로 협조하지 않으면 불가능하기 때문에 강제 처분이라고 할 수 없습니다. 따라서 영장 없이 음주 측정을 요구하는 것은 영장주의에 위배되지 않습니다. 안타깝게도 주 선생님은 벌금을 피할 길이 없어 보이네요.

개인 정보 자기 결정권
지문 날인 제도

민주가 주민 등록증을 발급받으러 갔을 때의 일입니다. 주민 등록 증 발급 신청서에는 열 손가락의 지문을 날인하도록 되어 있었습니다. 민주는 주민 등록증을 만들 때 왜 꼭 지문을 찍어야 하는지 이해할 수 없었습니다. 다른 친구들은 주민 등록증이 생긴다고 들떠 있었지만 민주는 자신이 구청이 아닌 경찰서에 있는 것 같은 기분이 들었습니다.

사람마다 각기 다른 모양의 **지문**은 개인의 고유성과 동일성을 나타내 줍니다. 즉 해당 지문을 가진 사람과 다른 사람을 식별하게

10대를 위한 생각하는 헌법

> ### 주민 등록법 시행령 (2004.3.17. 대통령령 제18312호로 개정된 것)
>
> **제33조(주민 등록증의 발급 절차)** ② 제1항의 규정에 의하여 주민 등록증 발급 통지를 받은 자 또는 공고된 자는 그 통지서 또는 공고문에 기재된 발급 신청 기간 내에 본인이 직접 주민 등록이 되어 있는 시·군·자치구(이하 "주민 등록지의 시·군·구"라 한다.)의 관계 공무원에게 사진(6개월 이내에 촬영한 가로 3센티미터 세로 4센티미터의 탈모 상반신의 사진을 말한다. 이하 같다.) 1매를 제출하거나 그 사무소에서 직접 사진을 촬영하고, 본인임을 소명한 후, 그 공무원 앞에서 별지 제30호 서식에 의한 주민 등록증 발급 신청서에 지문을 날인하여 신청하여야 한다.

하는 개인 정보이지요. 지금까지 대부분의 국민들은 국가에 지문을 제공하는 것을 대수롭지 않게 생각했습니다. 그러나 컴퓨터와 인터넷이 발전하면서 이전과는 다르게 개인 정보의 수집·처리와 관련한 일들이 사생활 보호라는 새로운 차원의 헌법 문제로 관심을 모으고 있습니다. 예를 들면 주민 등록 번호를 중심으로 학교생활과 성적 등이 데이터로 저장됩니다. 또 병원에서는 진료 기록들이 저장되지요. 그뿐만 아니라 개인의 소득과 세금, 소유하고 있는 부동산과 자동차 정보 같은 것들이 저장되는데, 이 수많은 정보에 지문을 중심으로 한 범죄 기록까지 합해지면 한 사람의 인생을 읽어 낼 수 있을 정도입니다.

현대에는 인터넷의 발달로 손쉽게 개인 정보가 노출될 수 있고, 비공개로 관리되는 정보일지라도 해킹 등으로 인해 유출될 위험이 있습니다. 이에 따라 정보에 대한 자기 통제의 필요성이 절실해지면서 헌법 재판소는 헌법 제17조의 사생활의 비밀과 자유, 헌법 제10조 인간의 존엄과 가치 및 행복 추구권에 근거를 둔 일반적 인격권을 근거로 개인 정보 자기 결정권을 인정했습니다. 사생활의 비밀과 자유를 근거로 해서는 사생활이 아닌 공적인 영역의 개인 정보를 보호하기 어렵다는 판단에서였죠.

개인 정보 자기 결정권이란 자신에 관한 정보가 언제 누구에게 어느 범위까지 알려지고 또 이용할 수 있도록 할 것인지를 정보 주체가 스스로 결정할 수 있는 권리입니다. 개인 정보 자기 결정권의 보호 대상이 되는 개인 정보는 개인의 신체·신념·사회적 지위·신분 등처럼 개인의 인격 주체성을 특징짓는 사항으로서, 그 개인의 동일성을 식별할 수 있게 하는 일체의 정보라고 할 수 있습니다. 헌법 재판소는 개인 정보 자기 결정권의 보호 대상이 되는 개인 정보는 반드시 개인의 내밀한 영역에 속하는 정보에 국한되는 것이 아니라 공적 생활에서 형성되었거나 이미 공개된 개인 정보까지 포함한다고 했습니다.

그렇다면 주민 등록증을 발급할 때 열 손가락의 지문을 날인하도록 하고, 경찰청장이 주민 등록증 발급 신청서에 날인되어 있는 지문 정보를 보관·전산화하고 이를 범죄 수사 목적으로 이용하는 것은 개인 정보 자기 결정권을 침해하는 것일까요, 아닐까요? 헌법 재판소는 시장·군수 또는 구청장이 개인의 지문 정보를 수집하고, 경찰청장이 이를 보관·전산화하여 범죄 수사에 이용하는 것은 모두 개인 정보 자기 결정권을 제한하는 것이라고 했습니다. 그러나 지문 날인 제도가 다른 신원 확인 수단인 유전자, 홍채, 치아 같은 것보다 인권 침해를 할 우려가 낮다고 했지요. 또 범죄 수사를 할 때나 대형 사건·사고에서 사망자 신원 확인을 할 때 지문 정보를 이용함으로써 달성할 수 있는 공익이, 그로 인한 정보 주체의 불이익에 비해 더 크기 때문에 그 제한이 지나치다고 볼 수 없어 위헌에 이르지 않는다고 했습니다(헌재 2005. 5. 26. 99헌마513).

앞서 헌법 재판소가 개인 정보 자기 결정권을 인정했다고 했는데요. 헌법 재판소가 헌법에 없는 기본권을 만들어도 되는 것일까요? 그렇습니다. 헌법이 제정될 당시에 예측하지 못했던 상황에 대응하기 위해 헌법의 해석상 도출될 수 있는 범위 안에서 새로운 기본권을 인정할 수 있습니다. 이것이 바로 헌법이 잦은 개정을 하지 않아도 규범력을 가질 수 있는 비결이지요. 미국의 헌법은 1787년에 만들어져서 오늘날까지 유지되고 있는, 세계에서 가장 오래된 성문 헌법입니다. 여기에 시대의 변천에 맞게 현재까지 27개 조항이 추가되어 미국 헌법을 이루고 있습니다. 미국의 헌법은 법문은 간소하지만 광대한 의미를 포함하고 있으며, 유연한 해석을 통해 오늘날까지 그 기능을 잘 발휘하고 있다고 할 수 있습니다.

익명으로 한 표현도 보장이 되나요?

표현의 자유

민주는 평소 독도 지키기 운동에 관심이 많습니다. 그래서 이번 방학에는 인터넷에 독도에 관한 잘못된 정보가 올라와 있으면 이의를 제기하고 정보를 수정하는 활동을 하기로 마음먹었습니다. 그런데 글을 작성하려고 보니 대부분의 사이트에서는 회원 가입을 해야만 글을 쓸 수 있게 되어 있거나 실명으로 글을 작성할 것을 요구했습니다. 민주는 수많은 게시판에 글을 쓰거나 댓글을 남겨야 하는데 그때마다 회원 가입을 하고 실명을 밝혀야 한다니 번거롭고 귀찮을 뿐더러 꺼림칙하기까지 했습니다.

정보 통신망 이용 촉진 및 정보 보호 등에 관한 법률
(2008.6.13. 법률 제9119호로 개정된 것)

제44조의5(게시판 이용자의 본인 확인) ① 다음 각 호의 어느 하나에 해당하는 자가 게시판을 설치·운영하려면 그 게시판 이용자의 본인 확인을 위한 방법 및 절차의 마련 등 대통령령으로 정하는 필요한 조치를 하여야 한다.

우리 헌법은 익명 표현의 자유를 인정합니다. 이는 표현의 자유에 속하는 기본권이지요. **익명 표현의 자유**란 실명이나 신원을 드러내지 않은 상태에서 자신의 의사나 의견을 외부에 밝히는 자유를

말합니다. 여기서 익명이란 실명의 반대말이 아니라 신원을 드러내지 않는 것을 말합니다. 물론 이때 익명의 달콤함을 이용해서 다른 사람의 명예를 훼손하거나 유언비어를 퍼트리는 부작용이 있을 수도 있습니다. 인터넷 공간은 정보의 흐름이 빠르기 때문에 한번 확산된 유언비어는 막을 수도 없고 그 출처를 알아낼 수도 없어서 큰 문제입니다. 최근에는 익명 뒤에 숨은 무차별적인 악성 댓글과 신상 털기로 인해 마음에 상처를 입고 극단적인 결정을 하는 사람도 늘고 있습니다.

하지만 이런 수많은 부작용에도 불구하고 익명 표현의 자유를 보장하는 이유는 진정으로 자유로운 의사 표현은 익명이 보장될 때 가능하기 때문입니다. 누구라도 자신의 신원을 밝히고 의견을 말하라고 하면 선뜻 나서기 어려울뿐더러 의견을 제대로 말할 수도 없을 것입니다. 그러나 역사는 부정한 권력, 그리고 다수의 횡포에 맞서는 익명의 누군가가 있었기 때문에 발전할 수 있었습니다.

본인 확인제를 규정한 법령 조항들의 입법 목적은 건전한 인터넷 문화 조성을 위한 것이었습니다. 그러나 이는 본인 확인제가 아니더라도 인터넷 주소 등의 추적 및 확인, 해당 정보의 삭제·임시 조치, 손해 배상, 형사 처분처럼 인터넷 이용자의 표현의 자유나 개인 정보 자기 결정권을 제약하지 않는 다른 수단에 의해서도 충분히 달성할 수 있습니다. 우리 헌법 재판소는 본인 확인제가 인터넷의 특성을 고려하지 않고 그 적용 범위를 광범위하게 정하여 목적

달성에 필요한 범위를 넘는 과도한 기본권 제한을 하고 있다고 보았습니다(헌재 2012. 8. 23. 2010헌마47). 다행입니다. 민주는 실명을 밝히지 않고도 게시판에서 독도 바로 알리기 활동을 할 수 있게 되었네요.

〈공직 선거법〉 제82조의 6은 "인터넷 언론사는 선거 운동 기간 중 당해 인터넷 홈페이지의 게시판·대화방 등에 정당·후보자에 대한 지지·반대의 문자·음성·화상 또는 동영상 등의 정보를 게시할 수 있도록 하는 경우에는 (…) 실명 인증 방법으로 실명을 확인받도록 하는 기술적 조치를 하여야 한다."라고 명시하고 있습니다. 헌법 재판소의 위헌 판결로 〈정보 통신망법〉에 따른 인터넷 본인 확인제는 폐지되었지만, 〈공직 선거법〉상 인터넷 실명제는 효력을 그대로 유지하고 있는 것입니다.

현대의 유권자들은 텔레비전 뉴스나 종이 신문과 같은 대중 매체가 아닌, 인터넷 언론과 각종 멀티미디어 기기를 이용한 소셜 네트워크를 통해 선거에 출마한 후보 및 정책에 관한 정보를 얻고 자유롭게 교류합니다. 이런 점을 감안하면 〈공직 선거법〉상 인터넷 실명제 또한 정치적 의사 표현을 과도하게 제한하는 법률일 수 있습니다. 선거철이 가까워지면 시민 단체들은 〈공직 선거법〉을 개정해야 한다고 목소리를 높이는데요. 〈공직 선거법〉상 실명제는 계속 유지될 수 있을까요?

야간 옥외 집회에 간 민주네 부모님
집회 결사의 자유

민주네 부모님은 2008년 어느 날 저녁, 서울 시청 앞에서 열린 미국산 쇠고기 수입 반대 촛불 집회에 참가했다가 〈집회 및 시위에 관한 법률〉 위반 혐의로 기소되었습니다. 〈집회 및 시위에 관한 법률〉 제10조에 따르면 해가 진 후 옥외 집회 또는 시위를 해서는 안 되고, 경찰서장이 허용하는 범위에서만 야간 옥외 집회를 할 수 있었던 겁니다. 훗날 이 이야기를 들은 민주는 헌법 제21조 제2항에는 집회에 대한 허가는 인정되지 않는다고 분명히 쓰여 있는데, 어째서 〈집회 및 시위에 관한 법률〉 제10조 같은 법률이 나올 수 있는지 이해할 수 없었습니다.

집회 및 시위에 관한 법률 (2007. 5. 11. 법률 제8424호로 전부 개정된 것)

제10조(옥외 집회와 시위의 금지 시간) 누구든지 해가 뜨기 전이나 해가 진 후에는

옥외 집회 또는 시위를 하여서는 아니 된다. 다만, 집회의 성격상 부득이하여 주최자가 질서 유지인을 두고 미리 신고한 경우에는 관할 경찰관 서장은 질서 유지를 위한 조건을 붙여 해가 뜨기 전이나 해가 진 후에도 옥외 집회를 허용할 수 있다.

제23조(벌칙) 제10조 본문 또는 제11조를 위반한 자, 제12조에 따른 금지를 위반한 자는 다음 각 호의 구분에 따라 처벌한다.

    1.   주최자는 1년 이하의 징역 또는 100만 원 이하의 벌금

헌법 제21조 제2항은 "언론·출판에 대한 허가나 검열과 집회·결사에 대한 허가는 인정되지 아니한다."라고 규정함으로써 헌법 자체에서 언론·출판에 대한 허가나 검열의 금지와 더불어 집회에 대한 허가 금지를 명시하고 있습니다. 우리 헌법은 집회의 자유에 있어서는 다른 기본권 조항들과는 달리 '허가'의 방식에 의한 제한을 허용하지 않겠다는 의지를 분명히 보여 주는 것입니다.

'**허가**'란 일반적으로 금지가 원칙이고 예외적인 경우에만 허용하는 것입니다. '**신고**'는 자유가 원칙이고 예외적인 경우에만 금지하는 것입니다. 쉽게 말하자면 우리가 용돈을 쓸 때 엄마가 허용하는 경우에만 돈을 쓸 수 있다면 그것은 허가이고, 내 마음대로 돈을

에이, 말도 안 돼. 헌법엔 집회는 허가 될 수 없다고 써 있단 말이야. 집회에 허가가 웬 말이야!

10대를 위한 생각하는 헌법

쓰고 엄마에게 보고만 한다면 그것은 신고라고 할 수 있습니다. 용돈을 허가제로 한다면 엄마가 허락하는 참고서나 학용품만 살 수 있을 뿐이고, 엄마가 싫어하는 군것질이나 좋아하는 아이돌 사진은 살 수 없게 될 것입니다. 만약 집회를 허가제로 한다면 경찰서장 같은 행정 권력이 집회의 내용과 시간, 장소에 관한 통제권을 행사할 수 있습니다. 집회를 할 때는 집회의 내용뿐만 아니라 집회의 시간과 장소, 방법이 가지는 의미도 큽니다. 중간고사에 반대하는 집회는 체육관에서 하는 것보다 교무실 앞에서 하는 게 더 효과적인 것처럼 말입니다.

언론·출판에 대한 허가나 검열 금지는 표현하는 내용이 세상의 빛을 보느냐 보지 못하느냐의 문제입니다. 그러나 집회의 자유는 공동의 목적을 가진 사람들이 일시적으로 모이는 표현 행위 자체를 보호하는 것이기 때문에, 야간 옥외 집회의 허용 여부를 사전에 심사하여 결정한다는 〈집회 및 시위에 관한 법률〉 제10조는 위헌인 법률이 되는 것입니다. 헌법 재판소는 더 나아가서 24시 이전에 옥외 집회를 금지하는 것은 오늘날 직장인의 근무 환경이나 학생들의 학업 환경을 고려하지 않은 지나친 제한이라고 했습니다(헌재 2009. 9. 24. 2008헌가25), (헌재 2014. 3. 27. 2010헌가2).

현재 이 법률 조항은 위헌 판결을 받고 효력을 상실했지만 이를 대체하는 입법은 없는 상태입니다. 애초에 〈집회 및 시위에 관한 법률〉 제10조의 입법 목적은 야간 옥외 집회에서 폭력적인 돌발 상황 또는 위험한 상황이 생기거나 집회 현장 주변에 사는 사람들에게 소음 피해를 줄 수 있음을 우려해서 만든 것이었습니다. 그러나 해가 진 후에 집회를 금지하다 보니 저녁 시간을 활용해야 하는 직장인들이나 학생들은 집회를 할 수 없게 되는 문제가 생긴 것이죠. 이 경우에는 해가 뜨기 전이나 해가 진 후의 시간을 '야간'과 '심야'로 구별하여 입법 목적을 달성하면서도 사람들의 집회의 자유를 필요 최소한으로 제한하는 방법을 고려하는 것이 좋을 듯합니다. 또한 밤에도 근무를 하는 야간 근무자들이나 3교대 근무를 하는 직장인을 고려해서 24시 이전이라는 기준이 적절한지도 생각해 봐야 할 것 같습니다.

엄마의 성을 따르면 안 되는 걸까?
혼인&가족

민주 친구 영주는 어렸을 때 아빠가 사고로 세상을 떠난 이후 줄곧 엄마와 단둘이 살았습니다. 영주는 늘 자상한 아빠가 있는 민주를 부러워했죠. 그런데 얼마 전, 영주에게도 새아빠가 생겼습니다. 하지만 영주는 아빠가 생긴 기쁨을 누리기도 전에 근심이 생겼습니다. 마침 새 학기여서 부모님 성함을 적어 냈다가 선생님과 친구들이 영주가 아빠와 성이 다르다며 이상하게 생각했기 때문입니다. 어떤 친구들은 이 사실을 가지고 놀리기까지 했습니다. 속상한 영주는 집에 돌아와 엉엉 울며 엄마에게 성을 바꾸고 싶다고 말했습니다. 영주의 엄마와 새아빠는 영주의 성을 어떻게 해야 할지 고민이 많습니다. 이럴 땐 어떻게 해야 할까요? 차라리 영주가 엄마의 성을 따르면 안 될까요?

민법 (2001.12.29. 법률 제6544호로 일부 개정된 것)

제781조(자의 입적, 성과 본) ① 자는 부의 성과 본을 따르고 부가에 입적한다. 다만, 부가 외국인인 때에는 모의 성과 본을 따를 수 있고 모가에 입적한다.

과거 민법에서 자녀는 아버지의 성을 따르도록 되어 있었습니다. 다만 아버지가 외국인이거나 아버지를 알 수 없는 경우에만 어머니의 성을 따를 수 있었습니다. 우리는 오랜 시간 동안 아버지의 성을 따랐고, 지금도 대다수의 사람들은 아버지의 성을 따르는 것을 자연스러운 생활 양식으로 받아들이고 있습니다. 남녀평등을 강조하는 현대에는 아버지의 성뿐만 아니라 어머니의 성도 따라야 한다는 주장도 있습니다. 그러나 아버지의 성을 따르든지 어머니의 성을 따르든지 하나의 일관된 기준은 있어야 하기 때문에 아버지의 성을 따르도록 한 민법 조항은 위헌이 아닙니다.

그러나 아버지의 성을 따르는 것이 원칙이라고 해도, 일부 예외적인 상황에서 아버지의 성을 강요하는 것이 개인의 인격권을 침해하고 개인의 존엄과 양성의 평등에 반하는 경우가 있습니다. 예를 들면 출생 당시에 아버지가 사망했거나 부모가 이혼하여 어머니가 혼자 아이를 키울 때는 자녀가 어머니를 중심으로 생활 관계를 형성할 것이 예상됩니다. 그런데 이런 경우에도 일방적으로 아버지의 성을 따르도록 한다면, 이는 현실을 고려하지 못한 것입니다. 또 입양으로 친부모와 친자식의 관계를 맺는 경우나 영주처럼 어머니의 재혼으로 새아버지가 생긴 경우 자녀의 성을 바꿔야 할 필요가 있습니다. 양아버지나 새아버지의 성을 사용하는 것은 혈통 관계는 존재하지 않지만 동일한 성을 사용함으로써 새로 형성된 가족의 구성원임을 대외적으로 나타내는 것입니다.

우리 헌법 재판소는 부성주의를 규정한 것 자체는 헌법에 위반되지 않지만, 가족 관계의 변동 같은 구체적인 상황에서 아버지의 성을 사용하도록 강요하는 것은 개인의 가족생활에 심각한 불이익을 초래할 수도 있으며, 부성주의에 대한 예외를 규정하지 않는 것은 인격권을 침해하고 개인의 존엄과 양성의 평등에 반하는 것이라고 했습니다(2005. 12. 22. 2003헌가5·6병합).

에스파냐의 변호사인 마리오 곤살레스 씨는 어느 날 구글 검색창에 자신의 이름을 검색해 봤다가 깜짝 놀랐습니다. 10년도 더 지난 자신의 개인적인 내용을 담은 기사가 검색되었기 때문입니다. 그는 기사가 실린 신문과 구글에 이 기사를 삭제해 달라고 요청했으나 거절을 당해서 에스파냐 법원에 소송을 제기했습니다. 법원은 구글에 이 링크를 삭제하라고 판결했지만 구글은 이에 반발했습니다. 결국 이 사건은 유럽 사법 재판소까지 가게 되었고, 재판소는 '잊힐 권리'를 근거로 구글에 이 링크를 삭제하라고 판결했습니다. 여기서 잊힐 권리는 개인이 온라인 사이트에 올라가 있는 자신과 관련된 정보의 삭제를 요구할 수 있는 권리입니다.

현대에는 인터넷 기술과 디지털 기계가 발전하면서 인터넷 공간에서 재구성되는 나를 마주할 수 있습니다. 인터넷 공간에 남겨진 나의 기록들은 폐기되지 않고 남아서 사생활을 침해하거나 명예를 훼손할 수도 있지요. 마리오 곤살레스 씨를 비롯한 어떤 사람들은 이번 판결에 대해 개인의 존엄과 명예를 지킬 수 있는 판결이라며 환영했고, 또 어떤 이들은 범죄 기록이나 누구나 알아야 할 공익 정보가 잊힐 권리라는 명목 아래 지워질 수 있다는 우려를 나타내기도 했습니다. 특히 힘을 가진 정치인들이 이를 악용할 가능성이 크다고 문제를 제기한 것이죠. 여러분은 어떻게 생각하나요? 잊힐 권리와 알 권리 중 어느 것이 더 보호되어야 할까요?

당연히 잊힐 권리가 우선한다고 생각해.
인터넷에 원하지 않게 자신의 사생활이 공개되어
곤욕을 치르는 사람들만 봐도 알 수 있잖아.
게다가 시간이 지나도 정보가 지워지지 않으니 더
문제지. 어떤 새로운 일에 도전할 때마다 한때의
실수로 저질렀던 과거의 일들이 발목을 잡으면
어떡해. 사실을 왜곡해서 나쁘게 이용하는 사람들도
있을 테고 말이야.

잊힐 권리를 악용하려는 사람들을 생각해야 돼.
인터넷에서 개인의 권리가 소중하긴 하지만,
잊힐 권리가 정치인이나 범죄자처럼 다른 사람들에게서
빨리 나쁜 이미지를 씻어 내고 싶어 하는 사람들에게
악용된다고 생각해 봐. 이건 우리가 알고자 하는
진실과 멀어지게 하는 일이라고.

4장

민주주의가
꽃 피는 곳

국회

국민으로부터 나온 권력은
어디로 갔을까?
민주와 삼촌의 대화

민주네 집에 오랜만에 삼촌이 놀러 왔습니다. 민주는 자신의 이야기에 귀 기울여 주고 이런저런 일을 함께 고민해 주는 삼촌을 무척 좋아합니다. 게다가 삼촌은 대학원에서 법을 공부하고 있어서 민주가 궁금한 것을 물어보면 언제나 차근차근 설명을 해 주곤 합니다. 반갑게 인사를 하며 집에 들어서던 삼촌은 텔레비전에서 흘러나오는 뉴스를 보더니 얼굴이 굳어졌습니다. 수학여행을 가던 학생들을 비롯해서 500여 명이 타고 있던 배가 침몰한 사고에 관한 뉴스였습니다. 그런데 국가는 이 참사 앞에서 우왕좌왕만 하다가 결국 300여 명이 넘는 사람들을 구조하지 못했습니다. 텔레비전 화면에서는 소중한 가족을 잃은 유가족들과 시민들이 "국민이 차가운 물속에서 죽어 가는 모습을 손 놓고 지켜보는 게 국가냐, 이럴 거면 국가가 왜 필요하냐?"라며 항의했고, 경찰들은 항의하는 사람들을 진압하기에 바빴습니다.

잠시 정적이 흐르다가 삼촌이 민주에게 물었습니다.

"민주야, 국가와 폭력 조직의 다른 점이 뭘까? 생각해 보면 둘이 좀 비슷한 것 같지 않아? 일단 둘 다 나름의 규칙에 따라 움직이잖

아. 국가는 법체계에 따라, 폭력 조직은 보스의 말에 따라 움직이지.
또 강제로 돈을 가져가기도 해. 국가는 세금이라는 이름으로 돈을
가져가고, 돈을 내지 않으면 불이익을 주지. 폭력 조직이야 말할 것
도 없고 말이야. 그리고 국가에는 형벌 제도가 있고, 폭력 조직에는
자기들만의 무시무시한 징계 제도가 있어. 영화에서 봤지?"

민주는 놀란 토끼 눈으로 삼촌을 바라보며 말했습니다.

"에이, 삼촌은. 국가랑 폭력 조직은 도덕성에서 차이가 나잖아
요. 폭력 조직은 사람들을 힘으로 제압해서 자신들의 이익만 챙기
니 부도덕하지만, 국가는 안으로는 국민 행복, 밖으로는 세계 평화
를 위해 힘쓰는 걸요."

삼촌은 고개를 끄덕이며 말했습니다.

"그래, 하지만 꼭 그런 것만은 아니야. 저 뉴스만 봐도…."

끝내 말을 잇지 못한 삼촌은 독일 시인이 쓴 시 한 편을 읽어 줬
습니다.

국가의 권력은 국민으로부터 나온다.

-그런데 나와서 어디로 가지?

그래, 도대체 어디로 가는 거지?

아무튼 어딘가로 가기는 가겠지?

베르톨트 브레히트, 〈바이마르 헌법 제2조〉 中

시를 다 읽은 삼촌은 민주에게 물었습니다.

"민주야, 국민으로부터 나온 권력은 정말 어디로 간 걸까? 난 권리를 보장해 달라고 요구하는 국민들을 억압하는 국가의 모습을 보면 그게 참 궁금해지더라."

당황한 민주는 〈법과 정치〉 시간에 배운 것을 떠올리며 헌법전을 펼쳤습니다.

"음…. 삼촌, 헌법은 제3장부터 제6장까지 국회, 정부, 법원, 헌법 재판소를 규정하고 있잖아요. 선생님이 그러셨는데 국민으로부터 나온 권력은 국회, 정부, 법원, 헌법 재판소로 간대요. 헌법 조문을 잘 읽어 보면 이 기관들이 하는 일이 어떤 '권력'을 기초로 하고 있다는 것을 알 수 있어요. 국회에서는 법률을 만들고, 정부는 이것을 근거로 법을 실현시키고, 법원과 헌법 재판소에서는 법적 분쟁에 대해 판단을 내리죠. 삼촌도 잘 알면서."

이렇게 대답하기는 했지만 사실 민주도 국민으로부터 나온 권력이 '진짜로' 가는 곳은 어디일지 궁금해졌습니다.

민주가 말한 것처럼 권력은 입법권, 행정권, 사법권으로 나뉘어 국회, 정부, 법원, 헌법 재판소로 갑니다. 하지만 침몰하는 배에서 국민들이 죽어 가도 이들을 제대로 구조하지 못한 것은 국가 기관이었습니다. 유가족들과 시민들이 사건의 진실을 제대로 밝혀 달라고 요청해도 이를 외면한 것은 국가 기관이었습니다. 이것을 곰곰이 되새겨 본 민주는 "국가의 권력은 국민으로부터 나온다."라는 말이 그냥 허울 좋은 이야기에 그치는 것은 아닌가 하는 생각이 들었습니다. 이런 의심을 떨치려면 우리가 국회, 정부, 법원, 헌법 재판소에 나누어 준 권력이 어떤 헌법적 근거에 따라 어떻게 작동하는지 제대로 알아야겠다는 생각이 들었습니다. 국회 의원, 대통령, 법관이 하는 일이라 우리와 동떨어진 일처럼 생각했던 국가 기관의 활동은 실은 우리 생활과 밀접한 관련이 있었습니다.

법을 둘러싼 투쟁, 권리를 위한 투쟁
통치 기구와 기본권

국가 기관의 활동은 국민의 **기본권**을 침해하거나 **보장**합니다. 예를 들어 정부가 수도권에 전력을 공급한다는 이유로 시골 마을에 초고압 송전탑을 건설하려 한다고 생각해 봅시다. 이럴 경우, 송전탑 근처에 사는 사람들은 전자파로 인해 암이나 백혈병에 걸릴 위험이 높아집니다. 국가 기관의 활동으로 인해 건강권 또는 생명권에 위협을 받게 되는 것이지요.

반대로 국가 기관의 활동이 기본권을 보장하기도 합니다. 만약 국회에서 선거 연령을 낮추는 법률을 제정하면 우리는 더 일찍부터 참정권을 누릴 수 있게 됩니다. 또 초·중등학교에서 무상 급식을 하면 무상 교육이라는 헌법 정신을 더 잘 실현시킬 수 있습니다. 국가 기관의 활동이 참 중요하지요?

그런데 국가 기관의 작용이 기본권과 '관련'이 있다는 것이 곧 국가가 국민의 기본권을 '보장'해야 한다는 논리적 결론을 끌어내는 것은 아닙니다. 만일 민주가 당장의 생활비가 없어서 고생하고 있을 때, 국가가 민주에게 생활 보조금을 지급해 준다면 이러한 국가의 활동은 민주의 생존권과 관련이 있습니다. 이때 국가는 민주에게 은혜를 베푼 것일까요? 아니면 민주의 기본권을 보장한 것일까요? 오늘날에는 기본권을 실현하는 것이 **국가** 기관의 **목적**이라고 보고 있습니다. 하지만 이러한 관점은 그냥 생긴 것이 아니라 수많은 논쟁을 거쳐서 얻은 결과입니다. 과거 독일에서 전개된 국가와 기본권의 관계에 대한 논쟁을 간단히 살펴보면, 기본권을 국가 기관이 베푸는 '은혜'처럼 보는 입장을 비롯해서 국가와 기본권은 관계가 없다거나 또는 '약한 관련'을 갖는 것으로 보는 견해도 있었습니다. 이와 같이 국가 기관과 기본권과의 관계에 대한 견해 차이는 '국가'를 어떻게 바라보는지, 그리고 그 결과 '헌법'을 어떻게 바라보는지와 관련이 있습니다. 오늘날에는 기본권을 실현하는 것이 국가 기관의 목적이고, 또한 국가 기관의 작용은 기본권이라는 한계 안에서 작동한다고 보고 있습니다. 따라서 국가 기관을 구성할 때에는 기본권을 정의롭고 효율적으로 실현시킬 수 있도록 해야 합니다.

국회, 정부, 법원은 법의 지배를 받는다
통치 기구의 기본 원리와 법치주의

민주는 삼촌과 나눈 이야기를 곱씹으며 생각을 넓혀 갔습니다.

"음, 국민은 국가 기관에게 권력을 줬고, 국가 기관은 그 권력을 가지고 국민의 기본권을 실현시켜야 한다고 했는데요. 그렇다면 국가 기관을 어떻게 구성하고 운용해야 기본권을 정의롭고 효율적으로 실현시킬 수 있는 걸까요?"

삼촌이 대답했습니다.

"국가 기관을 '어떻게' 구성하고 운용할지에 대한 일정한 원칙이 있어. 그 원칙이 무엇이냐에 대해서는 의견이 분분한데, **민주주의**, **권력 분립**, **법치주의** 같은 것을 공통적으로 들고 있지."

"아, 민주주의는 통치 기구의 기본 원리라고 배웠어요. 그리고 권력을 나눠서 각 기관이 서로서로 감시하고, 그러면서도 조화롭게 임무를 수행하는 것은 권력 분립의 원칙에 따른 거겠죠. 그럼 법치주의는 무엇일까요?"

민주와 삼촌은 함께 법치주의에 대해 찾아봤습니다. '법'은 말 그대로 법이고, '치'는 다스린다는 뜻입니다. 법치주의는 흔히 국민의 자유와 권리를 제한하는 것, 또는 국민에게 의무를 부담시키는 것은 '법률'을 근거로 해야 한다고 설명합니다. 그렇다면 왜 '법률'일까요? 그것은 법률이 국회에서 만들어진 것이고, 국회는 국민의 대표 기관이기 때문입니다. 이렇게 근대를 거치며 채택한 법치주의는, 우리가 '왕의 명령'에 복종하던 신민에서 '우리의 의지에 따른 지배'를 받는 주체로 다시 태어난 획기적인 사건이었습니다. 법치주의가 의미하는 내용을 시민의 주체성 찾기라는 역사적 배경과 관련지어 생각해 보면 알 수 있는 것들이 더 있습니다. 우선 법치주의는 민주주의와 밀접한 관련이 있습니다. '우리의 의지에 따른 지배'는 우리를 대표할 사람을 뽑은 후, 그를 중심으로 우리의 의사를 법률로 만드는 과정을 의미하니까요. 또 한 가지 알 수 있는 사실은 법치주의가 우리의 **'자유'**를 위한 것이라는 겁니다. 내 뜻과 무관한 '왕의 명령'에서 벗어나는 것, 그리고 우리가 가진 자유와 권리의 한계를 '우리의 의지'에 따라 정한다는 것이 이 점을 말해 줍니다.

민주와 이야기를 나누던 삼촌은 법치주의에 대해 더 생각해 볼 것이 있다며 민주에게 여러 가지 질문을 던졌습니다. 민주는 삼촌의 말을 이해해 보려 애썼지만 금세 머릿속이 복잡해지고 말았습니다. 여러분도 민주와 함께 삼촌의 질문에 대해 고민을 해 볼까요?

"법치주의는 법이 우리를 지배한다는 인상을 주지만 사실 법은 실체가 없어. 오히려 법률 등을 근거로 이런저런 활동을 하는 국가 기관은 '사람'으로 이루어져 있지. 법치주의를 통해서 우리의 의지를 더 많이 반영할 수 있게 된 것은 사실이지만 '사람에 의한 통치'를 뿌리부터 바꿀 수는 없었지. 그리고 이건 앞으로도 영원히 그럴 거야. 그렇다면 법치주의는 신기루에 불과한 걸까?"

"음, 글쎄요⋯."

민주가 대답을 하기도 전에 삼촌은 또 다른 질문을 했습니다.

"그럼 민주야, 국가가 법을 어겨서 내가 국가 배상 소송을 했다고 생각해 보자. 그 소송에서 승소를 하면 국가가 잘못된 행위를 고칠까?"

민주가 우물쭈물하자 삼촌이 예를 들어 설명을 해 주었습니다.

"얼마 전, 내 친구가 불심 검문을 당한 적이 있어. 아, 불심 검문이 뭐냐고? 경찰관이 범죄를 저질렀다고 의심되는 사람을 멈추게해서 간단한 질문 같은 걸 하는 거야. 경찰들은 단지 근처에 집회가있다는 이유로 친구를 붙잡아 두고 가방 검사까지 했지. 집회장 근처를 지나가는 것을 범죄에 참가할 혐의가 있다고 본 건데, 집회는범죄도 아니거니와 가방 검사는 '강제 수사'의 한 형태이기 때문에헌법에서는 '영장'을 발부받아야 가방 검사를 할 수 있다고 규정하고 있어. 결국 불심 검문이라는 이름으로 이루어진 경찰의 행동은근거 없는 강제 수사와 불법 체포였어. 내 친구의 경우 말고도 이런사건이 많이 있었고, 사람들은 국가에 대해 소송을 했지. 이때 법원은 피해를 입은 시민의 손을 들어 주기도 했는데, 경찰은 이후에도이런 행동을 계속하고 있어."

민주가 삼촌의 말에 대해 곰곰이 생각하는 동안 삼촌이 또 질문을 던졌습니다.

"국가 기관이 법대로 한 일은 언제나 옳을까? 라는 질문을 해 볼수도 있어. 언제부터인가 국가 기관이 행한 일에 대해 국민적 저항이 있을 경우, 국가 기관은 국민에게 손해 배상을 청구하거나 명예훼손이라며 형벌권을 발동했어. 손해 배상 청구나 형벌권을 발동하는 것은 국민의 대표가 제정한 민법과 형법에 근거한 행위고, 얼핏보면 국가의 행동은 매우 합법적이라고 볼 수 있지. 하지만 그것이 민주주의라는 관점에서 합당한 것인지, 그리고 우리 사회가 추구해야 할 바람직한 모습인지 생각해 봐야 해. 더 나아가서 언제부터인가 법치주의는 시민이 법을 지켜야 한다는 의미로도 쓰이고 있는데, 원래 법치주의의 취지는 국가가 법을 지키게 해서 시민의 자유를 보장하는 거였어. 그러니 시민이 법을 지켜야 한다는 것은 맞는 말 같기는 하지만, 사실은 법치주의의 취지에 어긋나는 말이야."

민주는 삼촌의 말을 들으면 들을수록 혼란스러워졌습니다. 여러분은 삼촌의 이야기에 대해 어떻게 생각하나요? 삼촌의 말에 학교의 교칙을 대입해서 생각해 보면 많은 이야기를 할 수 있지 않을까요? 민주와 함께 천천히 고민해 보세요.

자, 이제 국회, 정부, 법원, 헌법 재판소가 헌법을 근거로 어떤 활동을 하는지 구체적으로 살펴보겠습니다.

여의도에 오면 벚꽃과 함께
우리를 볼 수 있어!
법을 만드는 국회

우리나라의 입법 기관은 국회입니다. 법률을 만드는 권한인 **입법권**은 국민의 의사를 대변해야 민주주의와 합치합니다. 입법권은 민주

적인 정당성을 가져야 하기에, 헌법은 이 권한을 국회에 주었습니다. 그리고 국회의 청문권을 비롯한 다른 권한 역시 이런 민주적 정당성을 통해 이해할 수 있습니다.

국회를 이해하는 데에 도움을 주는 큰 틀은 **대의제**와 **의회주의**입니다. 국민의 대표 기관을 통해 정치적 의사를 간접적으로 결정하는 대의제에 대해서는 앞에서 설명했으니, 여기에서는 의회주의에 대해 살펴보기로 하겠습니다.

의회주의는 여러 가지 의미를 가질 수 있는 개념입니다. 우리나라에서는 토론·공개성·대표·다수결의 원리를 그 내용으로 보고 있습니다. 그렇지만 이러한 내용은 현실에서 변형되기도 합니다. 예를 들어 모든 국회 의원이 전체 법률안에 대해 논의를 하기 전에 그 문제에 관해 더 잘 아는 소수의 국회 의원이 먼저 법률안을 검토합니다. '환경·노동 위원회' 같은 소위원회가 그런 일을 하지요. 모든 사람이 전체 안건을 미리 조사하여 심의하는 것보다 나눠서 검토하는 것이 더 효율적이기는 합니다. 하지만 위원회에서 심의가 이

10대를 위한 생각하는 헌법

루어지면 이것이 마치 최종 심의인 것처럼 생각해서, 본회의에서는 위원회에서 심의한 그대로 통과만 시키는 문제가 생깁니다. 편의를 위해 문제를 잘 아는 사람이 먼저 안건을 조사하고 심의하기로 한 것인데, 사실상 논의가 여기에서 끝나 버리는 경우가 생기는 것입니다. 이러한 경우를 두고 국회의 토론을 거쳤다고 하는 것은 무리가 아닐까요? 이러한 닫힌 논의는 공개성을 약화시킵니다. 또 국회 의원들이 자신들이 대표해야 할 존재인 국민, 즉 우리 의견보다는 정당의 당론에 따라 의결을 하면서 대표성이 약해지기도 합니다. 예를 들어 만 16세 미만의 청소년이 밤 12시 이후부터 오전 6시까지 온라인 게임에 접속할 수 없도록 한 온라인 게임 셧다운제에 대해 국민 다수가 반대를 한다고 생각해 봅시다. 하지만 국회 의원은 자신이 소속된 정당의 당론이 셧다운제를 도입하는 것일 경우에는 국민의 의견보다는 정당의 당론을 따르게 됩니다. 또 다수결이 가능하기 위한 전제인 소수자에 대한 배려, 토론과 설득의 과정이 배제되는 경우도 있습니다.

이러한 문제들을 해결하기 위해 국민의 참여, 정당의 민주화 등이 대안으로 제시되고 있습니다. 국회의 시야 밖에 있던 국민 각자가 자신의 목소리를 내는 것입니다. 문제 해결을 원하는 사람들이 함께 모여 서명 운동을 하거나, 집회나 시위를 해서 우리의 목소리를 전달할 수도 있습니다. 대의제가 제대로 실현되지 않으면 대표에게 권한을 줬던 우리가 스스로 나서는 수밖에요. 또한 정당 역시 일부 권위자의 뜻에 따라 운영하지 말고 더욱더 국민의 뜻에 귀를 기울이도록 노력해야 합니다. 또한 정당 안에서도 당원들끼리 토론을 활성화해야 합니다.

국회는 어떤 일을 할까?
국회의 권한

국회는 많은 권한을 가지고 있습니다. 가장 고유한 권한인 입법권을 비롯한 여러 권한에 대해 차근차근 살펴보도록 하죠.

법률을 만들 권한은 국회만 가지고 있습니다. 그런데 사회가 점점 복잡해지고 국회가 각 행정 분야에서 전문성을 갖추기 힘들어지면서, 많은 법률은 행정 기관이 하는 입법 형식인 '명령'에 구체적인 사항을 위임하고 있습니다. 그래서 국회가 아닌 다른 기관들도 법률의 한계를 넘지 않는 조건으로 명령을 제정할 수 있습니다. 하지만 이러한 위임이 과도해질 경우, 국회의 역할을 정부에서 대신 하는 것이 될 수 있기 때문에 모든 내용을 명령에 떠넘기는 식이 되어서는 안 됩니다. 또 국회가 법률을 제정할 때는 아무 내용이나 담을 수 있는 것이 아니고, 헌법과 국제법의 질서를 지켜야 합니다.

헌법 제59조가 "조세의 종목과 세율은 법률로 정한다."라고 규정한 것에서 알 수 있듯이 국회는 세금에 대한 결정권도 가지고 있습니다. 또한 예산안을 심의·확정할 권한도 있습니다. 즉 정부가 예산안을 편성해서 국회에 제출하면, 국회가 예산안의 운영 방식에 대해 평가를 하거나 예산으로 요구한 금액이 많다는 식으로 의견을 제시합니다. 이런 과정을 거쳐서 우리가 낸 세금이 필요한 곳에 쓰이게 되는 것이지요.

또한 국회는 **헌법 기관**을 **구성**하는 권한을 가집니다. 즉 대통령이 대법원장, 헌법 재판소장, 국무총리, 감사원장, 대법관 등을 임명할 때 동의권을 행사하고, 헌법 재판관 9명 중 3명에 대한 선출권, 중앙 선거 관리 위원회 위원 9명 중 3명에 대한 선출권이 있지요. 텔레비전에서 어느 후보자가 국회 의원들에게 둘러싸인 채 질문에 답변하는 것을 본 적이 있지요? 이것을 **인사 청문 제도**라고 합니다. 인사 청문을 거치면서 고위 공직에 지명된 사람이 공직을 수행하는 데 적합한 업무 능력과 인성을 갖추었는지를 검증하는 것입니다.

또 국회는 **국정 감사**를 하거나 고위 공직자에 대한 **탄핵 소추** 의결권을 통해 국정을 통제하기도 합니다.

국민 여러분, 걱정마세요. 저희가 철저히 검증하겠습니다!

국회 의원은 국민의 대표
국회 의원 사용 설명서

국회에서는 300여 명의 국회 의원이 활동하고 있습니다. 국회 의원의 임기는 4년이며, 법률이 정하는 직을 겸할 수 없습니다. 이런 국회 의원은 국민의 보통 · 평등 · 직접 · 비밀 선거에 의해 선출됩니다. 헌법은 국회 의원에 관하여 큰 틀만 정해 두고 자세한 내용은 법률에서 정하도록 하고 있습니다.

그렇다면 국민의 '대표'인 국회 의원을 뽑기 위해서는 어떤 방법이 적합할까요? 다수의 뜻에 따라 국회 의원을 뽑는 것은 민주적이기는 하지만, 자칫 소수의 사람을 대표하는 정치인은 국회에 진출할 수 없게 될 수도 있습니다. 이런 문제를 보완하기 위해서 지역별로 다수의 표를 얻는 사람을 뽑는 방법, 소수당에게도 최소한의 의석수를 보장하는 방법, 정당의 지지도에 따라 뽑는 방법, 직업 영역별로 의석을 주는 방법(직능대표제) 등이 논의되어 왔습니다.

헌법에서는 국회 의원의 선거구와 비례 대표제 같은 사항은 법률로 정한다고 되어 있습니다. 우리는 선거구별로 다수표를 얻은 사람을 뽑는 방법과 정당에 투표하는 방식을 함께 운용하고 있습니다. 그렇지만 그 어떤 방식이라도 나름의 장점과 함께 한계도 있습니다.

국회 의원에 관해 살펴보던 민주는 삼촌에게 평소 궁금했던 것을 물어보기로 했습니다.

"삼촌, 국회 의원은 '국민'의 대표라고 하는데, 그 '국민'에 배제되는 사람은 없을까요? 학교만 봐도 그래요. 흔히 학교의 3주체는 학생·교사·학부모라고 하잖아요. 하지만 학교에서 학생은 주체가 아니에요. 학생회가 있기는 하지만 선생님이 회의 안건을 정해 주고, 선생님이 원하는 대로 회의를 진행해요. 거기에 우리 생각이나 목소리는 없어요. 학교에서 하는 결정에는 학생이 다 빠져 있다고요."

"맞아, 삼촌도 학교 다닐 때 그게 늘 불만이었어. 주체인 우리가 할 수 있는 건 없었지. 민주가 말한 것처럼 국회 의원 역시 '진정한' 국민의 대표인지는 잘 생각해 봐야 한단다. 실제로 우리 역사에서는 여성, 장애인, 노동자, 학생의 목소리는 배제되기 쉬웠어. 이런 문제를 해결하기 위해, 이들이 직접 국회에 진출해서 목소리를 낼 수 있도록 헌법에 인구 비례에 따른 할당제를 규정하면 어떨까? 국회 의원이 몇 명이고 임기가 몇 년인지 아는 것만큼 중요한 것은 그들이 우리의 대표라고 할 만한 구성을 이루었는지가 아닐까?"

민주는 삼촌의 말처럼 국회 의원이 국민의 진정한 대표가 될 수 있는 대안을 더 생각해 봐야겠다고 마음먹었습니다.

소신에 따라 일하겠소
국회 의원의 특권

헌법은 국회 의원들이 의사 결정을 할 때 수사 기관이나 여론의 비난으로부터 자유로울 수 있도록 보호합니다. 그래야 그들이 다른 압력에서 벗어나 국민의 대표로 일할 수 있을 테니까요. 이를 위해 국회 의원들은 불체포 특권과 면책 특권을 가지고 있습니다.

먼저 **불체포 특권**이란 회기 중에는 원칙적으로 국회 의원을 체포 또는 구금할 수 없다는 것입니다(헌법 제44조). 하지만 회기 중이라고 해도 현행범이거나 국회의 동의가 있을 경우에는 체포 또는 구금을 할 수 있습니다. 이 말은 회기 전에는 국회 의원을 체포하거나 구금하는 것이 얼마든지 가능하다는 것이기도 하지만, 회기 전에 체포 또는 구금이 됐어도 국회가 요구하면 회기 동안은 석방될 수 있음을 선언하는 것입니다. 국회 의원 한 명이 활동을 하지 못하는 것은 곧 한 개의 찬성·반대표가 사라진다는 것을 의미합니다. 만일 불체포 특권이 없다면 독재 정권 같은 나쁜 권력들은 자신들과 다른 의견을 가진 국회 의원들을 범죄를 저질렀다는 누명을 씌워 체포하려 할지 모릅니다. 이 같은 상황을 막고 국회 의원의 의정 활동을 보장하는 것을 불체포 특권이라고 하지요.

국회 의원의 **면책 특권**은 국회에서 직무상 행한 발언과 표결에 관하여 국회 외에서 책임을 지지 않는다는 것입니다(헌법 제45조). 진실을 밝히기 위해 공방을 벌이거나 의견을 펼칠 때는 듣기 싫은 말, 아직 확실하게 밝혀지지 않은 말들이 오갈 수 있습니다. 잘못된 사실은 논의하는 과정에서 걸러지게 마련입니다. 만일 확실하게 밝혀지지 않은 말, 나중에 거짓으로 밝혀진 말을 했다고 처벌한다면 의혹을 제기하거나 공익을 위한 폭로를 하는 것은 불가능하게 됩니다. 폭로는 참이나 거짓이 불확실한 내용을 다룰 수밖에 없기 때문입니다. 만일 말 때문에 누군가의 명예가 훼손되었다고 해도 보통은 말한 사람을 처벌할 만큼 대단한 문제는 아닙니다. 자유롭게 의견을 펼치는 과정에서 조금 듣기 불편한 말이 나왔다고 해서 이를 처벌함으로써 표현의 자유를 제한해서는 안 됩니다. 헌법은 어떻게 보면 표현의 자유의 본질적 부분이라고 볼 수 있는 이런 내용을, 국회 의원에 대해서만 규정했습니다.

법률은 어떻게 만들어질까?
법률의 제정 및 개정 절차

민주는 며칠 전, 열세 살 때 일본군에게 끌려가 온갖 가혹 행위에 시달린 어떤 할머니의 이야기를 담은 그림책을 읽었습니다. 민주는 자기보다 어린 나이에 몸과 마음에 큰 상처를 입은 할머니 이야기에 가슴이 아렸습니다. 그런데 책을 덮을 무렵, 이 그림책이 실제 있었던 일을 토대로 만든 것이라는 사실을 알게 되었습니다. 할머니는 일본군 '위안부'였다고 합니다. 민주는 이 비참한 이야기가 실제 있었던 일이라는 것을 믿을 수 없어서 인터넷으로 검색을 해 봤습니다. 인터넷에서는 일본군 '위안부'란 일제 강점기에 일본군이 만든 성노예 제도라고 알려 줬습니다. 우리나라를 비롯한 일본의 식민지였던 나라의 여성들이 일본군 '위안부'로 끌려가 반복해서 성폭행을 당했다고 합니다. 하지만 더 믿을 수 없는 것은 수십 년이 지난 지금도 일본이 제대로 된 사과조차 하지 않고 있다는 것이었습니다. 그래서 '위안부' 할머니들은 매주 수요일마다 일본 대사관 앞에서 일본군 '위안부' 문제 해결을 위한 집회를 하고 있다고 합니다. 민주는 당장 삼촌에게 전화를 걸어 돌아오는 수요일에 함께 집회에 가자고 약속했습니다.

수요일 오후, 비가 부슬부슬 내리는데도 대사관 앞은 '위안부' 피해자 할머니들과 시민들로 북적거렸습니다. 삼촌이 말했습니다.

"민주야, 수요 집회는 22년 동안 이어지고 있는 세계 최장 집회래. 문제가 잘 해결되어야 이 슬픈 기록도 깨질 텐데…."

민주는 너무 화가 났습니다.

"아니, 그럼 우리 정부는 대체 뭐하고 있는 거래요? 할머니들이 이렇게 매주 항의를 하고 계신데 바뀌는 것도 없고."

　"안 그래도 얼마 전, 국회에서 일본군 '위안부' 피해자 문제 해결을 위해 국가가 더 적극적인 노력을 하도록 법률안을 개정한 모양이야. '국회 의안 정보 시스템'에 들어가 보면 법률도 볼 수 있고 개정 절차도 알 수 있어. 참고로 개정 절차는 법률의 제정 절차와 같단다. 개정 절차를 간단히 정리해 볼까? 먼저 정부나 국회 의원이 법률안을 **제출**하지. 그 후 소관 위원회에서 **심의**를 하고, 본회의에서 통과되면 정부에 **이송**되어 대통령이 **공포**를 한단다. 자, 법률 개정 절차를 자세히 살펴보자."

〈일제하 일본군 위안부 피해자에 대한 생활 안정 지원 및 기념 사업 등에 관한 법률 일부 개정 법률안〉 개정 절차

2013.11.21. ~ 2013.12.20.	2013.11.21. 인재근 의원 대표 발의로 개정안 제출. ▼	2013.12.20. 김제남 의원 대표 발의로 개정안 제출. ▼
2014.2.14.	제332회 국회(임시회) 제1차 여성 가족 위원회에 상정, 제안 설명, 전문 위원의 검토 보고, 대체 토론 후 법안 심사 소위원회에 회부. ▼	
2014.2.19.	제322회 국회(임시회) 제1차 법안 심사 소위원회에서 위 두 개의 개정 법률안을 통합·조정하여 대안을 제안하기로 함. ▼	
2014.2.21.	제322회 국회(임시회) 제2차 전체 회의에 상정. 여성 가족 위원회 심사 보고 후 대안 가결. ▼	
2014.2.27.	제322회 국회(임시회) 제6차 전체 회의. 법제 사법 위원회의 체계·자구 검토 후 수정. ▼	
2014.2.28.	제322회 국회(임시회) 제10차 본회의에서 원안 가결. ▼	
2014.3.14.	정부 이송. ▼	
2014.3.24.	대통령이 공포: 법률 제12533호. 2014년 9월 25일부터 시행.	

왼쪽 표는 국회 의안 정보 시스템에 나오는 개정 법률안의 처리 경과입니다. 국회 의안 정보 시스템에 접속하면 위와 같은 처리 경과와 함께 의안 원문을 볼 수 있습니다. 이 법률안의 의안 원문을 읽어 보면 개정 이유가 일본군 '위안부' 피해자의 생활 안정과 복지 증진 도모, 일본군 '위안부' 피해자에 대한 지원 및 명예 회복을 위해 국가가 적극적인 노력을 기울이도록 한 것이라고 밝히고 있습니다.

이 개정 법률안은 2013년 11월과 12월에 각각 제출된 개정안을 토대로 조정한 대안이 2014년 2월 14일에 소관 위원회인 여성 가족 위원회에 상정되면서 본격적인 개정 절차에 들어갔습니다. 여성 가족 위원회에서는 2014년 2월 21일에 논의를 거쳤습니다. 소관 위원회에서는 제안자가 취지를 설명하고 토론이 이루어집니다. 소관 위원회의 심사가 끝나고 2014년 2월 27일에 법제 사법 위원회에서 형식적인 부분을 심사했습니다. 법제 사법 위원회에서는 낱말 선택이 적절한지와 같은 체계 · 자구 심사를 합니다. 이런 과정을 거치면 종종 텔레비전에서 볼 수 있는 국회 본회의장의 모습처럼, 재적 의원 과반수 출석과 출석 의원 과반수 찬성으로 의결됩니다. 이 개정 법률안은 2014년 2월 28일에 국회 본회의에서 통과되었습니다. 통과된 개정 법률안은 정부로 이송되어 15일 이내에 대통령이 공포합니다. 이 개정 법률안은 2014년 3월 14일에 정부로 이송되었고, 10일 후인 3월 24일에 공포되었네요.

닫힌 문과 나의 거리
국회, 민주주의의 산실?

법률안 개정 절차를 살펴본 민주는 국회에 가고 싶어졌습니다. 그래서 수요 집회가 끝나자마자 삼촌과 함께 국회로 향했습니다. 그런데 국회에 도착한 두 사람은 깜짝 놀랐습니다. 긴 담장에, 정문에는 전투 경찰 대원이 서 있었기 때문입니다. 다른 사람들이 오가는 것을 보니 출입이 금지된 것 같지는 않았지만 괜스레 겁이 나서 들어갈 수가 없었습니다. 삼촌이 놀란 표정으로 말했습니다.

"스위스에 놀러 갔을 때 스위스 연방 의회에 간 적이 있어. 거기서 무엇을 했는지 아니? 친구들이랑 분수대 앞에서 물장난을 쳤어. 의회 앞에는 일광욕 하는 사람도 많았고, 오고 가다가 쉬어 가기도 좋은 곳이었는데…. 여긴 그럴 수 없겠구나."

그렇게 말하면서 삼촌은 그때 찍었던 사진도 보여 줬습니다.

우리의 대표 기관인 국회는 우리와 얼마나 가까울까요? 국회 앞에서 문화 행사도 하고 자유롭게 이야기도 나누는 외국과 달리 우리 국회는 담벼락으로부터 100미터 이내에서는 집회가 금지됩니다. 출입이야 자유롭다지만 담장도 있고, 정문 앞에 서 있는 전투 경찰 대원의 굳은 표정을 보고 굳이 국회 앞 잔디밭에서 시간을 보내고 싶은 사람은 없을 겁니다. 국회가 국가의 정책을 결정하는 중요한 기관이니 보안을 철저히 하는 게 당연한 것 아니냐고 생각할 수도 있습니다. 그리고 국회의 원래 목적이 시민의 여가 공간을 제공하는 것도 아니고요. 하지만 민주 사회에서 입법부의 근본적인 기능은 시민의 다양한 의견을 충분히 수렴해서 이를 반영한 법률안을 만드는 것이라는 점을 생각하면 오히려 시민과 더욱 가까워져야 하는 것은 아닐까요?

스위스 연방 의회에서 일상을 즐기는
민주 삼촌과 시민들

담장이 길게 둘러 있는
우리나라 국회

　민주와 삼촌은 결국 국회에 들어가기는 했습니다. 이왕 들어왔으니 국회 본회의장에 가 보자며 발걸음을 옮기던 두 사람은 경비 아저씨가 막아서는 바람에 멈춰야 했습니다. 경비 아저씨는 국회 본회의장 정문은 국회 의원만 드나들 수 있고, 방문객은 빙 돌아 뒷문으로 들어가야 한다고 하셨습니다. 게다가 두 사람을 더욱 놀라게 한 것은 국회의 회의는 공개가 되기는 하지만 방청을 하려면 국회 의원이나 고위 공무원의 소개가 있어야 한다는 것이었습니다. 삼촌의 지인에게 도움을 받으면 방청을 할 수 있기는 했습니다. 하지만 민주는 지금 방청을 할 수 있느냐 없느냐의 문제보다 중요한 것은 누구나 언제든 방청을 할 수 있어야 하는 것이라는 생각이 들었습니다.

민주는 수업 시간에 배운 대로 국회에 청원을 하기로 결심했습니다. 헌법은 모든 국민이 국가 기관에 문서로 청원을 할 수 있다고 했으니까요. 청원서를 제출하는 방법을 알아보니 국회 의사당에 직접 방문해서 제출해야 하고, 또 국회 의원의 소개가 필요하다고 합니다. 민주는 일반 시민 중에서 국회 의원과 알고 지내는 사람이 몇이나 된다고 이런 규정을 둔 거냐며 투덜거렸습니다. 민주는 삼촌의 도움을 받아 청원서를 작성했습니다.

청원서 작성을 도와주던 삼촌은 민주에게 미국에서 있었던 청원과 관련된 이야기를 들려주었습니다. 미국의 어느 공원에는 일본군 '위안부' 소녀를 동상으로 만든 '평화의 소녀상'이 있는데, 한국과 일본의 시민들이 미국 백악관 청원 사이트에서 동상을 철거하라는 의견과 철거를 하지 말라는 의견으로 나뉘어 서로 청원 경쟁이 붙었다고 합니다. 이것은 이메일 주소만 입력하면 청원에 참여할 수 있기에 가능한 일입니다. 민주는 우리 국회도 보이지 않는 수많은 담장을 하나씩 허물어서 민주주의가 살아 숨 쉬는 공간이 되면 좋겠다고 생각했습니다.

국회는 시민들의 목소리를 잘 들어야 합니다. 특정 집단이 아닌 국민 전체를 대표하기 위해서는 누구나 국회에 쉽게 접근할 수 있어야 합니다. 국회의 활동은 그것이 국민의 대표가 하는 활동이기 때문에 정당성을 인정받습니다. 국회 의원들이 독자적으로 판단하고 입법을 해도 우리의 대표이기 때문에 간접적으로 우리의 뜻인 것처럼 받아들일 수 있는 것이지요. 그런데 국회가 자신들의 활동 공간을 공개하지 않고, 의견을 제출하는 것도 보이지 않는 벽으로 가로막고, 또 면담조차 거부한다면 국민의 목소리를 제대로 반영할 수 없을 겁니다. 국민의 목소리를 듣지 않는 대의제는 소수의 인물이 다수 시민의 의견과 무관하게 정지를 펼치는 과두 정치와 다르지 않습니다. 이는 민주 사회에서 용납될 수 없는 일입니다.

2014년 4월 24일, 헌법 재판소는 만 19세 미만 청소년에게 정당 가입의 자유와 선거권을 주지 않는 공직 선거법과 정당법이 합헌이라고 결정했습니다. 19세 미만의 청소년은 미숙하고, 정신적·신체적 자율성을 충분히 갖추지 못했기 때문이라며 말입니다.

이러한 규정들과 생각들이 만연하기에, 청소년들은 학생 인권 조례를 만들 때도, 무상 급식이 논란이 될 때도 그저 가만히 있어야 했습니다. 청소년들이야말로 교육의 당사자이지만 교육감을 직접 뽑을 수도 없습니다. 이런 상황에서 청소년들이 정당에 가입하여 조직적으로 자신들의 목소리를 내고 적극적으로 활동할 수는 더더욱 없습니다.

한편 세계 여러 나라의 선거 연령을 살펴보면 많은 나라에서 만 18세 이하의 청소년들이 선거권을 가집니다. 브라질이나 오스트리아에서는 만 16세만 되어도 선거권을 갖습니다. 우리나라가 가입한 UN의 아동 권리 협약에서는 "본인에게 영향을 미치는 모든 문제에 대해 자유롭게 의견을 표현할 권리를 보장"하라고 규정합니다. 또 UN의 아동 권리 위원회는 2011년에 한국 아동의 표현과 결사의 자유가 제한된 점에 우려를 표하며, 학교 안팎에서 정치 활동에 참여할 수 있도록 법률 등을 수정하도록 권고했습니다. 하지만 그 무엇보다도 헌법은 참정권의 주체에서 청소년을 배제한 적이 없습니다. 여러분은 청소년의 참정권에 대해 어떻게 생각하시나요?

우리나라 청소년들은 공부하느라 정치는
잘 모르잖아. 한 표가 얼마나 중요한지를 생각해
보면 청소년의 참정권을 보장하는 게 그리
바람직한 것 같지는 않아. 또 헌법도 교육의
정치적 중립성을 요구하고 있다고.
우리에게 참정권이 있고,
정당 활동도 할 수 있다고 치자. 그때 과연
부모님이나 선생님의 입김과 상관없이 우리만의
생각으로 행동할 수 있을까?

어른들은 우리를 어리고 미숙한 존재로 봐서
"청소년은 정치에 관심을 가지면 안 돼. 우리가 너희를
보호해 줄 테니 너희는 공부만 열심히 하렴."이라고
말하는데 난 정치가 특별한 게 아니라고 생각해.
우리를 매일 공부에 시달리게 하는 입시 제도,
우리가 먹는 밥, 우리가 사는 집과 지역 문제까지
다 정치 문제라고! 우리에게 정치적 영향력이 없으니까
우리의 삶이 어른들의 입맛대로 결정되는 거야.
청소년에게도 참정권이 생기면 이 공부 지옥에서
벗어날 수 있는 방법이 생길 수 있지 않을까?

5장

국민을 위해
일한다!

정부

학교 가는 길에 마주친 행정 작용
행정의 개념과 행정권

학교에 가던 민주는 오늘따라 궁금한 것이 많습니다. 큰길로 나가 버스를 탔습니다. '운전기사 님은 운전면허가 필요할 텐데 그건 누가 주는 거지?' 창밖을 봅니다. 얼마 전까지 상가가 있던 곳은 주차장이 되었습니다. 재개발 문제로 삶의 터전을 잃게 된 사람들이 철거를 반대하며 망루에 올랐다가 경찰 특공대의 무리한 진압으로 목숨을 잃은 곳입니다. '빨리 재개발을 해야 한다며 급하게 철거를 밀어붙이더니 저긴 왜 저렇게 공터로 남아 있는 거지? 재개발 계획은 누가 세우는 걸까?' 버스에서 내려 지하철로 환승했습니다. 그런데 이 노선은 다른 노선보다 요금이 더 비쌉니다. '왜 이 노선만 비쌀까?' 궁금증은 끊이지 않습니다. '그나저나 내 스마트폰에 깔려 있는 스마트폰 사용 제한 앱(app)을 처음 만들자고 한 건 누굴까? 선생님이랑 부모님은 왜 내 스마트폰을 감시하고 못 쓰게 하는 거지? 하필 우리 학교가 스마트폰 사용 제한 앱 시범 학교가 되어 가지고…. 우리 학교를 시범 학교로 지정한 건 누구야?'

이 모든 것은 국가의 행정 작용과 관련이 있습니다. **행정**이란 현실적이고 구체적으로 국가의 목적을 적극적으로 실현하기 위한 활동입니다. **행정권** 역시 법의 지배를 받으며 행사되어야 하고, 이것

은 전체적으로 통일성을 가진 계속적이고 형성적인 국가 활동입니다. 각종 면허 관련 업무, 도시 계획, 경찰권 발동, 세금 징수 등 어떻게 보면 입법·사법 활동을 제외한 모든 국가 작용을 행정이라고 볼 수도 있습니다. 잘 와 닿지 않는다면 민주의 궁금증과 함께 연관 지어 이해해 보세요.

"행정권은 대통령을 수반으로 하는 정부에 속한다."

대통령과 행정부

입법·사법 활동을 제외한 모든 국가 작용이 행정이라면 이 중요한 권한은 누가 가지고 있을까요? 그 답은 헌법에 있습니다. 헌법 제66조 제4항은 "행정권은 대통령을 수반으로 하는 정부에 속한다."라고 되어 있습니다. 자, 정부를 자세히 알아보기 위해 정부에 대해 규정한 헌법 제4장 전체를 살펴볼까요?

제4장의 표제는 '정부'입니다. 제4장은 크게 제1절 '대통령'과 제2절 '행정부'로 구성되어 있습니다. 이로써 정부는 대통령과 행정부를 포함한다는 것을 알 수 있습니다. 그렇다면 대통령과 행정부는 어떤 관계일까요? 이 둘은 '상하 관계'입니다. 헌법 제66조 제4항이 그렇게 말해 주고 있지요. 헌법의 다른 규정을 보더라도 정부의 중요한 정책을 심의하는 기관인 국무 회의는 대통령이 의장이고, 행정 기관에 대한 감찰 등을 하는 감사원은 대통령 소속하에 있

습니다. 즉 국무 회의나 감사원은 대통령 아래에 있는 기관인 것이지요. 물론 행정부를 구성하기 위해서는 국회의 동의가 필요하고, 국회는 국무총리나 국무 위원의 해임을 건의하는 등 이러한 구성에 간접적으로 개입할 수 있습니다. 하지만 최종적인 **임명권**, 즉 정부 구성에 대한 권한은 대통령만 가집니다.

나아가 대통령은 '정부' 이외의 헌법 기관을 구성할 권한도 갖습니다. 대법원장, 대법관, 헌법 재판소장, 헌법 재판소 재판관, 중앙 선거 관리 위원회 위원 중 3명, 감사원장, 감사 위원 등 헌법 기관 구성에 대한 임명권은 대통령의 권한입니다. 또 법률의 범위 내에서 **명령**을 발할 수 있는데, '○○법 시행령'이라고 이름 붙은 규범들이 대체로 대통령령입니다. 또한 대통령은 **국군**을 통수하는 권한을 갖습니다. 예산안을 편성하고 국회에 제출하는 등 **재정**에 대한 권한도 갖습니다. 대외적으로는 국가를 대표해서 **조약**을 체결하고, 선전 포고도 합니다. 대통령의 힘은 실로 막강하지요.

대통령이 막강한 권한을 가지는 것은 대통령이 새로 선출될 때마다 정책이 급변하는 것만 봐도 알 수 있습니다. 햇볕 정책, 행정수도 이전, 4대강 사업, 4대악 철폐까지, 대통령이 새로 선출될 때마다 정부의 주요 정책은 변화합니다. 새로운 대통령을 뽑는 5년마다 국민들의 마음이 바뀌는 것일까요? 글쎄요. 그런 것 같지는 않습니다. 여기서 대통령의 지위에 대해 다시 살펴볼 필요가 있습니다. 대통령은 행정부의 수반이라는 지위에 그치지 않습니다. 국회 의원과 더불어 국민의 직접 선거로 선출되는 국민의 대표이고, 국가 원수로서의 지위를 가집니다. 즉 앞서 살펴본 막강한 권한과 국내에서의 지위를 기반으로 정책을 추진해 나가는 겁니다.

대통령의 권한에 대해 더 살펴보면 대통령은 국회의 임시 회의 집회를 요구할 수 있습니다. 그리고 국회에서 의결한 법률안에 대해 이의가 있으면 거부권을 행사하기도 합니다. 이때는 이의서를 붙여 국회에서 다시 의결할 것을 요구할 수 있습니다. 헌법 개정안을 제안할 권한도 대통령이 가집니다. 또 위헌 정당을 해산하라고 헌법 재판소에 제소하는 것, 법원이 선고한 형의 효력이나 검찰의 공소권◆을 소멸시키거나 형의 집행을 면제시키는 것도 대통령의 권한입니다.

나는 헌법을 준수하고 국가를 보위하며 조국의 평화적 통일과 국민의 자유와 복리의 증진 및 민족문화의 창달에 노력하며 대통령으로서의 직책을 성실히 수행할 것을 국민 앞에 엄숙히 선서합니다.

◆ 공소권
검사가 어떤 사건을 접하고 용의자에게 범죄의 혐의가 있다고 판단하면 수사를 시작합니다. 수사 결과 용의자가 유죄라고 판단되면, 법원에 그가 어떤 죄에 해당하니 어떤 형벌을 부과해 달라며 소송을 제기합니다. 이것을 공소 제기 또는 기소라고 부릅니다. 그리고 이렇게 공소를 제기하는 권한을 공소권이라고 합니다.

대통령은 왕이다?

대통령의 특권과 의무

민주의 어릴 적 꿈은 대통령이었습니다. 민주가 부모님께 이것도 하고 싶고, 저것도 하고 싶다고 이야기하면 "민주는 대통령이 되어야겠다. 하고 싶은 일 다 하면서 살게."라고 말씀을 하셨기 때문입니다. 민주는, 대통령은 하고 싶은 일을 마음대로 할 수 있는 왕과 같은 사람이라고 믿었습니다. 그러다가 '권력 분립', '대통령 탄핵' 같은 개념을 배우기 시작하면서부터 그런 믿음이 잘못됐다는 생각을 하게 되었습니다. 하지만 고등학생이 되어 직접 헌법을 읽다 보니 어릴 적 생각이 잘못된 것만이 아닐 수 있다는 생각이 들었습니다. 대통령은 수많은 직무 권한을 가지고 있고 더 나아가 특권까지 규정되어 있었으니까요.

대통령의 특권에 대해 살펴보면 우선 대통령은 내란 또는 외환의 죄를 범하는 경우를 제외하고는 재직 중 형사상의 소추를 받지 않습니다. 이를 **불소추 특권**이라고 하는데요. 이 말은 대통령이 쿠데타를 일으키거나 다른 나라와 힘을 합쳐서 대한민국을 상대로 전쟁을 일으키지 않는 이상 검사가 기소를 할 수 없다는 뜻입니다. 이렇게 대통령에 대한 형사 재판권을 배제하는 것은 두 가지 목적 또는 의미를 가지고 있습니다. 첫째로 대통령이 직무를 독립적으로,

또 양심에 따라 수행하기 위한 보장 수단이라는 것, 둘째로 대통령의 '권위'를 보호한다는 것입니다. 다른 국가 기관도 비슷한 취지로 임기를 보장하고 있지만 대통령만큼 엄격한 기준을 가지고 있지는 않습니다.

그런데 만약 대통령이 (내란 또는 외환의 죄가 아닌) 중대한 죄를 저질렀을 경우, 불소추 특권 때문에 검사가 공소를 제기할 수 있는 기한인 공소 시효가 다 지나면 어떻게 할까요? 다행히도 헌법 재판소는 이러한 불소추 특권의 문제점에 대해 경계하고 있었습니다. 대통령으로 재직할 때는 그에게 공소 제기를 할 수 없다고 해 놓고, 그동안 공소 시효가 정지되지 않고 계속 이어진다면 불소추 특권을 넘어 사실상 면책 특권이 될 것입니다. 그래서 헌법 재판소는 불소추 특권을 규정한 헌법 제84조를 해석할 때는 재직 중 공소 시효가 정지된다고 보고 있습니다.

대통령에게 특권이 있다면 의무도 있습니다. 대통령은 국가의 독립, 영토의 보전, 국가의 계속성과 **헌법을 수호**할 책무를 집니다. 또 국무총리, 국무 위원, 행정 각부의 장, 기타 법률이 정하는 공사의 직을 겸할 수 없습니다.

나도 대통령이 되고 싶어
대통령의 선출과 신분 보장

대통령은 어떻게 선출할까요? 우리 헌법에서는 대통령은 보통·평등·직접·비밀 선거를 통해 뽑는다고 규정합니다. 오늘날 당연하게 생각되는 이 규정은 우리 헌법사에서 몇 번의 변화를 겪고 나서야 도입된 것입니다. 보통·평등·직접·비밀 선거의 원칙이 확립된 과정을 간단히 살펴봅시다.

초대 대통령 이승만은 국회의 간접 선거를 통해 선출되었습니다. 그러다 제1차 개헌 때 대통령을 직접 선거하도록 했습니다. 그러나 제3차 개헌에서는 간접 선거로 돌아섭니다. 의원 내각제를 통해 국회 양원 합동 회의에서 대통령을 선출하는 방식을 채택했거든요. 제7차 개헌(유신 헌법)에서는 통일 주체 국민 회의라는 비정상적인 기구에서 대통령을 간접 선거로 뽑았고, 제8차 개헌에서는 대통령 선거인단에서 무기명 투표로 간접 선거를 했습니다. 1987년 민주화 항쟁 결과 탄생하여 현재까지 이어지고 있는 제9차 개헌에서야 보통·평등·직접·비밀 선거의 원칙이 확립되었습니다. 우리가 당연하게 생각하는 지금의 선거 원칙이 확립된 것이 불과 얼마 전의 일이라니 놀랍지요?

그렇다면 어떤 사람이 대통령 선거에 출마할 수 있을까요? 국회 의원의 피선거권이 있고 40세 이상의 대한민국 국민이라면 누구든지 대통령 선거에 나갈 수 있습니다.

앞서 말했던 것처럼 대통령은 내란 또는 외환의 죄를 범한 경우를 제외하고는 재직 중 형사상의 소추를 받지 않습니다. 사실상 탄핵을 당하지 않는 한 대통령직을 그만두게 할 방법은 없고, 탄핵 역시 쉬운 일이 아닙니다. 대통령의 임기는 5년이고, 한 번 대통령직을 수행했으면 다음에 또 대통령이 될 수는 없습니다. 그런데 역대 대통령 중에는 권력을 놓지 않기 위해 임기에 관한 헌법 규정을 계속 바꾼 이들도 있습니다. 이를 막기 위해서 대통령의 임기와 관련된 헌법 개정은 그것을 제안한 대통령에 대해서는 효력이 없다는 규정이 새로 생겼습니다(헌법 제128조). 예를 들어 대통령이 된 민주가 더 오래 대통령을 하고 싶어서 대통령의 임기를 10년으로 연장해도 그 헌법 개정을 제안한 민주는 혜택을 볼 수 없습니다.

예외 상태는 내가 결정하지!
대통령의 긴급권

오늘은 민주네 반에서 학급 회의가 열리는 날입니다. 회장이 반 친구들에게 회의 안건이 없냐고 묻자 유민이라는 친구가 손을 들더니 두발 규제가 과연 정당한 것인지 함께 논의해 보고 싶다고 말했습니다. 유민의 말이 끝나기가 무섭게 담임 선생님이 회의를 중단시켰습니다.

"지금 너희가 멋이나 부릴 때야? 그건 됐고, 체육 대회 때 누가 어떤 경기에 참가할 건지나 정해. 빠지는 사람 있으면 안 돼."

갑자기 교실이 조용해졌습니다. 회의 시간에 두발 규제 문제에 대해 함께 이야기를 해 보자고 했을 뿐인데, 한마디도 하지 못하고 말문이 막힌 유민과 친구들은 어안이 벙벙했습니다. 회의가 끝난 후 유민을 비롯한 민주네 반 친구들은 각자 자기의 느낌을 한마디씩 말했습니다.

"선생님은 왜 우리가 하고 싶은 이야기는 하지 못하게 하면서 회의를 하라고 해? 이게 회의야?"

"매일 가만히 있으라고 하는 어른들이 이해가 안 돼."

"맞아, 또 공부하는 거랑 머리 기르는 게 무슨 상관이 있는지 모르겠어. 거기에 대해서 이야기해 보자고 한 건데 입도 벙끗하지 못하게 하다니, 화나!"

그때 유민이 말했습니다.

"우리 이참에 두발 자유화 시위를 해 볼까? 어른들이 시위하는 거 보니까 별거 아니더라. 팻말에 우리가 하고 싶은 말을 쓰고 가만히 들고 있으면 돼. 우리 의견에 동의하는 친구들에게는 서명을 받아서 교장 선생님께 드리자."

"흠, 그러다 혼나진 않겠지…?. 그래도 좋아!"

"체벌 금지 시위도 하자. 나 맞는 거 진짜 싫어."

"그래! 청소년도 인권이 있으니 우리를 존중해 달라고도 하자."

그리고 이튿날 아침, 민주네 반 친구들은 평소보다 일찍 학교에 가서 교문 앞에서 팻말을 들고 서 있었습니다. 동의하는 친구들에 게 서명도 받고요.

처음에는 호기심 어린 눈으로 시위를 지켜만 보던 학생들이 조금씩 호응을 하기 시작했습니다. 하지만 그것도 잠시, 어느새 학생 부장 선생님이 회초리를 들고 달려와서 교문 앞에 모인 학생들을 내쫓고 서명지를 빼앗아 찢어 버렸습니다. 그러고 나서 시위를 주도한 민주네 반 아이들을 범죄자 취급하며 교무실 앞으로 집합하게 했습니다. 잠시 후, 교내 방송이 나왔습니다.

"아침에 말도 안 되는 엄.청.난. 일이 벌어졌습니다. 오늘 1교시 수업은 없습니다. 전교생은 지금 당장 강당으로 모이세요!"

교감 선생님과 학생 부장 선생님은 한 시간 동안, 신성한 학교에서 시위를 주도한 학생들을 질책하고 앞으로 다시는 이런 일이 일어나서는 안 된다는 훈계를 했습니다.

벌을 서던 민주는 생각했습니다. '왜 우리는 우리의 의견을 제대로 이야기하지도 못할까? 선생님들은 학교의 질서가 중요하다고 하는데 우리의 인권을 무시하면서까지 선생님들이 지키고 싶은 질서란 어떤 걸까? 헌법은 모든 국민은 인간으로서의 존엄과 가치를 가지며 행복을 추구할 권리를 가진다고 하는데, 학교에 있는 우리의 존엄성과 행복은 왜 지켜지지 않는 거지? 우리의 집회의 자유, 민주적 기본권은 이렇게 무시당해도 되는 걸까?' 민주네 학급 회의 시간에도 그렇고, 아침 시위 때도 그렇고 선생님들은 지금이 긴급한, 그리고 예외적인 순간이라며 학생들의 입을 막았습니다.

민주네 학교에서 있었던 일처럼 대통령의 한마디에 국회가 해산되고, 학교가 문을 닫고, 집회가 금지되던 시절이 있었습니다. 대통령의 긴급권을 정권 강화를 위해 이용했기 때문이죠. 대통령의 **긴급권**은 국가 비상사태 등의 국가 위기 상황에 능동적으로 대처하기 위해 인정되는 권한입니다. 우리 헌법은 이 권한을 대통령에게 주고 있습니다. 이러한 국가 긴급권은 헌법 질서를 수호하기 위한 목적으로 발동했을 때만 인정됩니다. 우리 헌법에서 인정하는 긴급권은 교전 상태처럼 국가의 안위가 문제될 때 법률의 효력을 가지는 명령을 발할 수 있는 긴급 명령권, 천재지변이나 재정·경제적 위기처럼 시간적 여유가 없을 때 대통령이 행사하는 긴급 입법권으로써 법률의 효력이 있는 긴급 재정·경제 처분 및 명령권, 위기 시에 군대를 통해 공공질서를 유지시킬 수 있는 계엄 선포권이 있습니다.

급할 경우에는 절차를 생략하고 누군가의 말에 따르는 것이 효율적이기는 합니다. 하지만 대통령이 긴급권을 발동하는 기간 동안에는 헌법의 효력이 정지합니다. 대통령의 긴급권이 국가의 법적 기본 질서인 헌법의 효력을 정지시킨다니 놀랍지 않나요? 민주는 헌법의 효력마저 정지시키는 대통령의 권한을 보며 어린 시절, 자신이 했던 생각이 맞는 것 같다고 고개를 끄덕였습니다. '흠, 대통령은… 왕이었어.'

우리 헌법은 헌법의 효력이 정지되는 상황을 우리 스스로 인정하고 있습니다. "효력이 발생하면 효력이 멈춘다."라는 재미있는 조문이죠. 그런데 사실 긴급권을 발동할 요건이 헌법에 규정되어 있다고 해서 이것이 반드시 정당한 것은 아닙니다. 또 긴급권이 규정에 따라서 긴급한 경우에만 작동하리라는 보장도 없습니다. 이는 역사적 경험을 통해 알 수 있지요. 특히 계엄 선포권의 경우, 한국전쟁을 이유로 한 최초의 계엄령 이후 긴급한 상황이기 때문에 긴급권이 발동된 경우는 단 한 번도 없었습니다. 다른 나라의 경우를 보더라도 긴급권은 그 요건을 갖추지 않았음에도 발동되고, 또 긴급한 상황이 종료된 후에도 예외 상태를 끝내지 않았던 적이 많이 있습니다. 이처럼 긴급권은 대통령이 이를 행사하기 위해 헌법과 법률이 정한 요건들을 전적으로 대통령이 마음대로 한다는 문제가 있습니다. 긴급권을 발동해야만 하는 예외 상태가 '전쟁'과 같은 급박한 상황에서 점점 더 '치안'으로 관심을 옮길 때, 그래서 예외적으로 취해진 잠정 조치가 일반적인 통치 기술로 전환될 때, 우리는 새로운 독재를 만날 수 있습니다. 이런 상황에서 긴급권은 시민 사회의 소통을 막고 대통령의 권력을 강화시킵니다. 그런데 '법의 지배'는 위기 시에도 효력을 가져야 하지 않을까요?

아, 민주네 반 친구들은 어떻게 되었냐고요? 아이들은 이날 있었던 일에 대해 국가 인권 위원회에 판단을 구하기로 했습니다. 국가 인권 위원회는 선생님들의 집회 해산이 헌법이 보장하는 집회의 자유를 침해했다면서 이에 대한 재발 방지 대책을 수립할 것을 권고했습니다.

대통령 혼자 일을 할 수는 없지
행정부의 위계질서

정부는 대통령과 행정부로 구성됩니다. 대통령은 행정부를 이끕니다. 그러므로 행정부가 운영되는 방식은 대통령과의 연관 속에서 그림을 그릴 수 있습니다.

대통령을 보좌하며 행정에 관해 대통령의 명을 받아 행정 각부를 통할하는 **국무총리**는 대통령의 대행자, 대통령의 보좌 기관, 국무 회의 부의장, 집행부의 2인자라는 지위를 가집니다. 국무총리는 국회의 동의를 얻어 대통령이 임명합니다. 국무총리는 대통령이 직무를 수행할 수 없을 때, 1순위로 대통령의 권한을 대행합니다. 또 국무총리는 관계 국무 위원과 함께 대통령의 공문서에 부서를 합니다. 대통령의 공무는 문서로 해야 하기 때문입니다. 부서(서명)를 할 때는 문서 마지막에 대통령의 서명에 이어 국무총리와 관계 국무 위원이 서명을 합니다. 대통령이 대통령령을 발하듯, 국무총리는 총리령을 발할 수 있습니다. 국무총리가 제정한 명령은 '○○법 시행규칙'이라는 이름이 붙습니다. 국무총리는 대통령이 국무 위원을 임명할 때 그를 임명해 달라고 청구(제청)할 권한이 있습니다. 또 국무총리는 국무 위원의 해임을 대통령에게 건의할 수 있습니다. 물론 대통령이 반드시 그에 따라야 하는 것은 아닙니다.

국무 위원은 대통령·국무총리와 함께 국무 회의를 구성하여 중요한 정책을 심의합니다. 안전 행정부 장관, 여성 가족부 장관 같은 행정 각부의 장은 국무 위원 중에서 국무총리의 제청으로 대통령이 임명합니다. 이렇게 임명된 행정 각부의 장은 국무총리의 지휘 및 감독을 받습니다. 이때 국무총리의 지휘 및 감독은 대통령의 명을 받아 이루어집니다.

행정 각부의 장은 담당 사무에 대해 결정하고 집행하며 소속 직원을 지휘하고 감독합니다. 행정 각부의 장도 법률이나 대통령령의 위임이 있을 때, 또는 직무에 따른 권한으로 명령을 제정할 수 있습니다. 이를 부령이라고 하는데 입법 형식은 총리령과 마찬가지로 '○○법 시행 규칙'입니다. 그밖에 대통령 직속 기구인 감사원, 그리고 감사원과 달리 독립된 기관인 선거 관리 위원회도 헌법 차원에서 규정하고 있습니다. 감사원은 국가 기관의 감독 기구이고, 선거 관리 위원회는 각 선거에 대한 사무를 담당합니다.

정부의 위법 행위를 막아라!
대통령의 권한 통제 수단

수사하던 검사가 증거를 조작했는데 검찰 총장이 징계를 하지 않으면, 이후 다른 검사들 역시 자신의 편의를 위해 증거를 조작할 수 있습니다. 또 법무부 장관이나 대통령이 이러한 검찰 총장을 교체하지 않고 그 행위를 묵인한다면, 이는 사실상 대통령이 검찰 총장의 행위를 정당화한 것이 됩니다.

우리는 어떤 일을 할 때 보통 상급자의 눈치를 보게 됩니다. 이미 살펴본 것처럼 정부는 대통령과 행정부로 구성되어 있고, 대통령은 상급자로서 행정부를 지휘·감독합니다. 이렇게 행정 권력은 형식적으로나 실질적으로 대통령의 힘과 밀접하기 때문에 정부의 권한 통제는 크게 대통령의 권한 통제를 통해 파악할 수 있습니다.

대통령의 권한 통제는 보통 국무 회의 심의, 국무총리·국무위원의 부서와 같은 정부 안에서의 통제와 국회의 동의, 법원의 명령·규칙 위헌 심사권, 헌법 재판소의 헌법 재판 등 정부가 아닌 헌법 기관이 통제하고 있습니다. 또 국민에 의한 통제 수단으로 국민 투표나 저항권 행사, 여론을 통한 통제도 있습니다.

하지만 이런 통제가 실

제로 효과가 있을지 의문이 듭니다. 대통령의 하급 기관인 행정부는 말할 것도 없고, 국회나 정부도 나름의 이해관계 속에 있기 때문입니다. 여론을 주도하는 것은 언론인데, 언론도 권력과 결탁하기 쉽습니다. 마지막 수단으로 어떤 문제에 대해 헌법 재판을 하려고 하면, 헌법 재판소는 그것은 정치적인 문제라 사법 심사의 대상이 되지 않는다는 이른바 '통치 행위' 이론을 근거로 판단을 피할 수 있습니다. 권한은 넘쳐 나고 권한을 제어할 마땅한 방법이 없는 대통령이라는 존재를 어떻게 해야 할까요. 이런 구조에서는 대통령이 '알아서 잘해 주기를' 바라는 수밖에 없고, 이것은 마치 군주제를 떠오르게 합니다.

만들어진 세계,
우리가 만들어 갈 미래
정책 결정과 국민의 참여

머리 길이, 치마 길이, 등교 시간, 야간 자율(?) 학습, 휴대 전화 사용, 심지어는 연애를 할 수 있느냐 없느냐 같은 것들까지, 학교에서 정한 규칙은 학생들의 생활에 많은 영향을 미칩니다. 마찬가지로 정부의 정책도 시민들의 생활 곳곳에 영향을 미칩니다. 그런데 이런 행정 권력이 작용하는 방식은 세계가 변하면서 점점 바뀌어 갑니다. 이전에는 행정 각부가 일방적으로 결정을 내리는 식이었다면, 오늘날에는 국민과의 협의를 통해 결정하는 경우가 늘고 있습니다. 정책을 결정할 때 더 많은 사람의 의견을 듣는 것은 바람직한 변화입니다. 하지만 이때 구체적인 운영 방식에 문제가 있을 수도 있습니다. 예를 들어 환경 문제에 관한 결정을 내리면서 환경 단체의 목소리는 외면한 채 규제를 받는 기업의 목소리에만 비중을 두는 것처럼 말이죠.

또 관심을 가져야 할 문제가 있습니다. 공공성이 강해서 국가가 운영하던 것들을, 사기업이 소유하고 운영하도록 하는 경우가 그렇습니다. 예를 들어 철도와 같은 공공재는 시민 모두가 편리하게 이용할 수 있도록 사람들이 많이 다니지 않는 길도 지나야 하고 요금도 저렴하게 책정해야 합니다. 이처럼 비효율적으로 보이는 운행을 위해서 우리의 세금이 쓰이고 그 결과 '공공성'을 달성할 수 있는 것이죠. 그런데 효율성을 높인다는 이유로 사기업이 공공재를 소유하게 하면 기업들은 이윤을 높이기 위해서 안전 관리를 소홀히 하거나 멋대로 요금을 올리기도 하고, 심지어 적자가 생기는 노선은 폐지할 수도 있습니다. 실제로 철도뿐만 아니라 수도, 전기, 가스 같은 것들의 운영 주체가 국가 기관에서 공공 기업이나 사기업으로 바뀌는 모습을 볼 수 있습니다.

국민의 정책 결정 참여는 어떤 방식으로 이루어져야 할까요? 사회 구성원들은 앞서 살펴본 문제점을 항상 기억하며 우리 생활에 많은 영향을 미치는 정책 결정에 활발히 참여하고 함께 논의해야 할 것입니다. 물론 청소년 여러분의 참여도 빼놓을 수는 없겠죠?

1990년대 학생들은 호출기(일명 '삐삐')를 가지고 다녔습니다. 사회는 학생이 무슨 호출기를 가지고 다니냐며 곱지 않은 시선으로 봤습니다. 2000년대 학생들은 호출기 대신 휴대 전화를 가지고 다니기 시작했습니다. 이때도 학생들의 휴대 전화 사용에 대해 말이 많았습니다. 그리고 최근 몇 년 사이에는 언제든지 온라인 세계에 접속할 수 있는 스마트폰 사용 인구가 급증하면서 중·고등학생의 80퍼센트 정도가 스마트폰을 가지고 있을 정도로 스마트폰 사용이 활성화되었습니다. 그러자 어른들은 학생들의 스마트폰 중독이 큰 문제라며 걱정하기 시작했습니다. 급기야 서울시 교육청은 '아이스마트키퍼(iSmartkeeper)'라는 스마트폰 사용 제한 앱을 만들어 일부 학교에서 시범 운영을 실시하기도 했습니다. 이 앱은 게임, 음악, SNS를 차단함은 물론 문자와 전화 기능도 시간대별로 제한합니다. 또 위치 정보를 수집해서 학생이 어디에 있는지도 파악할 수 있습니다.

한편 서울시 의회와 제주도 의회에서는 "면학 분위기 조성을 위해 학생들이 휴대 전화 없이 등교할 것을 지도할 수 있다."라는 내용의 조례를 만들고자 하기도 했습니다. 여러분은 어떻게 생각하나요? 청소년들이 통신 기기를 사용하는 것에 제한을 해야 할까요?

청소년들을 가만히 보면 공부에 집중하지 못하고
매일 스마트폰만 보고 있어. 스마트폰 중독으로부터
청소년들을 보호해야 하지 않을까? 아이스마트키퍼
같은 앱도 스마트폰을 압수하는 상황까지 가지 않기
위한 대안이라고 볼 수도 있어. 또 수업 중에 학생들이
스마트폰 사용을 하는 것은 선생님들의 수업권을
침해하는 측면도 있잖아. 그래서 난 스마트폰 사용을
제한하는 것이 옳다고 생각해.

'중독'이라는 게 뭘까? 어른들은 청소년들의
문화생활을 전부 부정적으로만 보는 것 같아.
앱을 통한 스마트폰 통제도, 조례를 통한 스마트폰
통제도 결국 청소년들의 판단 기회를 송두리째
빼앗는 게 아닐까? 좋다와 나쁘다, 어디까지는
되고 어디부터는 안 된다는 판단을 청소년들
스스로 할 수 있도록 돕는 것만으로도 충분할 것
같아. 청소년들의 행복 추구권과 사생활의 비밀을
이렇게 쉽게 제한할 수는 없어.

6장

정의는
나의 힘

법원

민주네 학교 종교 수업 이야기
법원에 가는 이유

"우리 학교는 매주 수요일마다 모든 학생에게 종교 활동을 강요하고 있습니다. 그런데 헌법 제20조를 보십시오. 헌법은 모든 국민은 종교의 자유를 가진다고 말합니다. 헌법은 학교에서는 예외인 건가요? 저는 종교의 자유를 위해, 학교에서 강제로 이뤄지는 종교 활동을 거부하겠습니다. 제가 학교를 떠나는 상황이 되더라도 그때까지 제가 할 수 있는 일은 무엇이든 할 겁니다!"

고요하기만 하던 민주네 학교 아침 자습 시간에 갑자기 전교 방송이 울려 퍼졌습니다. 당황한 선생님들은 방송실로 달려갔고, 아이들은 다양한 반응을 보이며 저마다 웅성거렸습니다.

민주네 학교는 종교 단체에서 만든 종교 학교입니다. 전교생은 매일 아침 수업 전, 매주 수요일 정규 교과 시간, 또 해당 종교에서 지정한 특별한 날이 되면 크고 작은 종교 행사에 참석해야 합니다. 게다가 학생 회장 선거에는 해당 종교를 가진 학생만 출마할 수 있었습니다. 민주네 학교 학생들 중에는 이러한 학교의 종교 강요에 대해 불만을 가진 아이들도 있었고 그렇지 않은 아이들도 있었습니다. 하지만 불만이 있다고 해도 이를 표현하는 것은 쉽지 않은 일이었습니다. 종교 행사에 참가하지 않으면 불이익을 감수해야 했기 때문입니다. 또 입학식 때 선서를 통해 아이들 스스로가 종교 활동에 동의했기 때문에, 이후 학교에 문제를 제기하는 것이 어려웠습니다.

그럼에도 전교 방송을 통해 종교 활동을 거부하겠다는 의사를 밝힌 것은 민주와 1학년 때 같은 반이었던 재준이었습니다. 종교가 없던 민주와 재준은 종교를 믿지 않는 아이들을 무조건 종교 활동에 참여하게 하는 것은 인권 침해가 아니냐며 투덜거리곤 했습니다. 하지만 재준은 혼자 투덜거리는 것에 그치지 않고 종교 활동을 강요당한 모든 친구들을 대표해서 학교에 종교의 자유를 요구한 것이었습니다. 민주는 재준이 대단해 보이기도 했고 한편으로는 스스로가 부끄럽기도 했습니다.

이후 재준은 교육청 앞에서 종교의 자유를 요구하는 1인 시위도 하고, 학교에 계속 문제 제기를 하다가 결국 퇴학을 당하고 말았습니다. 퇴학을 당한 재준이가 마지막으로 기댄 곳은 법원이었습니다.

재준을 비롯한 많은 사람들이 문제가 발생하여 법의 판단이 필요해질 경우 법원에 갑니다. 친구에게 돈을 빌

려줬는데 약속한 날짜가 지나도록 돈을 갚지 않아서 하는 수 없이 법원에 가는 경우도 있고, 가게에서 몰래 물건을 가지고 나오다 들켜 검사의 기소로 가는 경우도 있습니다. 또 옥외 집회를 금지한 경찰의 처분이 부당하다며 법원에 가기도 하는 등 일상에서 벌어지는 수많은 일이 법원의 판단을 기다리고 있습니다.

분쟁 당사자로부터 한발 떨어져서 법과 양심에 따라 판단하는 법원. 법원이 가진 국가 권력은 사법권입니다. **사법권**이란 구체적인 분쟁이 생겼을 때, 법을 적용하고 선언함으로써 분쟁에 대해 결정을 내리는 권한입니다. 헌법은 사법권을 법원에 주었고, 법원은 이 권력을 통해 헌법 정신을 실현합니다.

법원은 운동 경기의 심판처럼, 모든 분쟁을 공정하게 심판하려고 노력합니다. 외부의 압력과 법관 개인이 가진 스스로의 편견에서 벗어나, 오직 '법'의 이름으로 판단하는 것이 법원의 역할입니다. 또 그 역할을 잘 해내는 것이야말로 우리가 뽑아준 것도, 판단의 결과 때문에 책임을 지는 것도 아닌 법원이 정당한 권력이 되는 유일한 길입니다. 우리는 이번 장에서 사법 기관인 법원에 대해 살펴볼 것입니다.

소장을 어디에 제출할까?

법원의 종류

학교에서 종교의 자유를 요구하다가 퇴학을 당한 재준은 학교를 상대로 소송을 하기로 했습니다. 그런데 재준은 이럴 때 어떤 법원에 가야 하는지 알 수 없었습니다. 그래서 인터넷 검색창에 '법원'이라고 입력을 해 봤더니 수많은 법원이 나왔습니다. 재준은 이 많은 법원 중에서 어디로 가야 할까요? '큰 병원이 좋다.'라는 말처럼 대법원으로 가면 되는 것일까요? 혼란스러워신 재준은 민주네 삼촌에게 도움을 청했습니다. 삼촌은 헌법 조문을 보여 주며 말했습니다.

"헌법을 보면 법원은 **대법원**과 **각급 법원**으로 구성되어 있다는 걸 알 수 있어."

재준이 물었습니다.

"그럼 '각급 법원'이 뭐예요? 그런 이름의 법원은 없잖아요?"

"각급 법원은 대법원보다 하위 단계인 법원이라는 뜻이야. '법원 조직법'을 살펴보면 각급 법원이 무엇인지 나와 있지."

민주와 친구는 법원 조직법을 찾아봤습니다. '대법원', '고등 법원', '지방 법원'처럼 익숙한 이름도 있고, '행정 법원', '특허 법원'처럼 무슨 일을 하는지 알 것도 같고 모를 것도 같은 법원도 있었습니다. 삼촌은 행정 법원이나 특허 법원 같은 곳은 특별한 지식이 필요한 전문적인 내용의 사건을 판단하기 위해 만든 법원이라고 알려 줬습니다. 예를 들어 법원이 특허 사건을 다룰 때 관련 지식을 갖추지 않으면, 원고와 피고의 말을 알아듣지 못할 수도 있으니까요.

"그럼 지방 법원, 고등 법원, 대법원은 어떻게 다를까?"

삼촌이 묻자 민주가 대답했습니다.

"지방 법원, 고등 법원, 대법원을 둔 건 법원이 판단한 것에 반론을 제기할 수 있도록 한 장치 아니에요? 법원도 잘못된 판결을 내릴 수 있으니까 국민이 상급 법원의 판단을 청구할 수 있도록 한 거라고 들었어요."

삼촌이 대답했습니다.

"그렇지. 그걸 심급제라고 해. 재판을 받을 권리도 헌법이 규정한 기본권이므로, 이를 더 잘 보장하기 위한 제도라고 볼 수 있지. 그리고 각급 법원에는 '부'라는 것을 둬서 더 전문적인 판단을 하도록 하고 있어. '서울 중앙 지방 법원 민사 1부', '서울 고등 법원 형사 2부' 같은 말을 들어 본 적 있니? 이건 사건 유형을 나눠서 더 전문적이고 효율적으로 판단하게 하는 거야."

"민사 소송이 민사부로 가고 형사 소송이 형사부로 가나요?"

재준이 묻자 삼촌이 대답했습니다.

"응, 맞아. 소송의 종류는 민사 소송, 형사 소송, 행정 소송 등으로 나눌 수 있어. 재준이는 종교 활동을 강요당해서 받은 손해에 대해 배상하라는 소송을 준비하고 있지? 이처럼 손해 배상을 요구하거나, 계약 위반이 발생한 경우 민사 소송을 하게 돼. 또 이혼, 유산 상속 같은 것도 민사 소송으로 해결하지."

"음, 형사 소송이 뭔지는 알아요."

민주가 말했습니다.

"강도 사건이 발생했을 때 피고인에게 '징역 ○년에 전자 발찌 부착 ○년'과 같은 식으로 선고하는 소송. 즉 범죄와 형벌에 관련된 소송이 형사 소송이죠?"

재준도 이에 질세라 말했습니다.

"행정 소송이 뭔지도 알아요. 반도체ㆍ전자 산업 생산직으로 일 하다가 각종 화학 물질에 노출되어 직업병에 걸리고, 심지어 사망 한 사람들이 산업 재해로 인정받지 못했대요. 담당 행정 관청인 근 로 복지 공단이 산업 재해라고 인정하지 않아서요. 결국 피해자와 유족들은 근로 복지 공단을 상대로 산업 재해로 인정하지 않고 보 상을 거부한 처분을 취소하라는 소송을 제기했는데, 그게 행정 소 송이라고 들었어요."

삼촌은 흐뭇해하며 말했습니다.

"하나를 알려 주니 열을 아는구나!"

재판은 어떻게 하지?
간단히 보는 소송 진행 과정

소송 진행 과정은 사건별로 차이가 있습니다. 민사 사건은 민사 소송법에서, 형사 사건은 형사 소송법에서, 행정 사건은 행정 소송법에서 큰 틀을 잡고 있습니다. 소송법은 각각의 특징을 가지고 있습니다. 게다가 많은 특별법에서는 그 법이 문제 삼는 사건의 경우에만 적용되는 특례 규정을 두고 있기도 합니다. 그래서 '민사 소송' 또는 '형사 소송'과 같은 각각의 소송 절차를 파악하는 것에서 더 나아가 소송 절차 일반에 대해 알아보는 것은 쉽지 않습니다. 따라서 소송 절차에 대해서는 아주 큰 틀에서만 이야기를 하겠습니다.

우선 각 법원이 담당하는 사건이 있는데요. 특허 법원, 행정 법원의 소송 절차는 다음 기회에 살펴보기로 하고 여기에서는 좀 더 일반적인 사건만 다루겠습니다. 크게 민사 소송과 형사 소송 절차를 살펴볼까요. 오른쪽에 있는 표를 함께 봅시다.

민사 소송	형사 소송
원고는 피고(학교 법인)의 학생이다. 원고는 피고가 종교 수업을 강요했다며, 이에 따른 정신적 손해를 배상하라고 소송을 제기했다.	교사인 피고인은 학생을 체벌했다. 피고인은 교육을 위한 체벌이었다고 주장했지만, 누가 봐도 폭행으로 보였다. 그리하여 검사가 피고인을 폭행죄로 기소했다.

소 제기	공소 제기

원고	피고	검사	피고인
피고는 민법 제750조를 근거로 배상하라.	종교 학교가 종교 활동을 하는 건 당연한 거야. 너희도 입학할 때 동의를 했잖아	피고인을 형법 제260조 제1항의 폭행죄를 근거로 징역 ○년을 구합니다.	교육을 위한 정당한 행동이었습니다.

변론 기일	공판 기일
법원에서 증거물과 증인을 제시하며 치열하게 공방을 벌임.	법원에서 증거물과 증인을 제시하며 치열하게 공방을 벌임.

판결	판결
피고는 원고에게 ○원을 배상하라.	피고인은 무죄다.

    법원은 법에 담긴 내용을 적극적으로 실현하는 능동적인 기관이 아니라 분쟁 당사자가 소송을 제기하는 경우에 한해 법에 따라 판단하는 기관입니다.

분쟁 당사자 중 한쪽은 무엇인가를 요구하고, 다른 한쪽은 그 요구에 대한 반론을 제기합니다. 법원은 요구한 내용에 대해서만 제출된 증거를 가지고 판결합니다. 민사 소송에서는 요구하는 사람을 '원고', 요구받는 사람을 '피고'라고 합니다. 형사 소송에서는 원고의 역할을 검사가 하고, 피고를 피고인이라고 부릅니다.

앞에서 심급제에 대해 살펴봤죠? 여러분은 지방 법원에서 시작해서 대법원으로 이어지는 3심제에 익숙할 테지만 사실 모든 재판이 그렇게 이루어지는 것은 아닙니다. 예를 들어 특허 소송은 특허청에 설치된 특허 심판원을 거쳐 특허 법원에서 대법원으로 심급을 거칩니다. 특허 법원이 1심 법원이니까 2심 만에 모든 소송 절차가 끝나는 것이지요. 선거 소송 역시 3심제가 적용되지 않습니다. 대통령이나 국회 의원의 선거에 대한 소송은 단 한 번만 재판합니다. 이것을 단심제라고 하는데, 대법원이 사건을 담당합니다. 대통령 선거나 국회 의원 선거를 제외한 나머지 선거, 그러니까 시·도지사, 교육감 선거 같은 경우의 선거 소송은 2심제로 진행됩니다. 또 비상계엄하의 군사 재판 중 일부 사건은 군사 법원의 단심으로 사건이 종결됩니다. 다만 사형을 선고한 경우에는 단심제를 적용하지 않습니다.

헌법 제109조는 "재판의 심리와 판결은 **공개**한다. 다만 심리는 국가의 안전 보장 또는 안녕질서를 방해하거나 선량한 풍속을 해할 염려가 있을 때에는 법원의 결정으로 공개하지 아니할 수 있다."라고 명시합니다. 이것은 재판의 공정성을 보장하고 국민의 신뢰를

증대하기 위한 제도입니다. 다만 오늘날에는 어느 정도 재판의 공정성이 보장되어 있는 만큼 피고인이나 소송 당사자의 명예 또는 비밀을 지키기 위해, 요청이 있을 경우 공개를 정지할 필요성도 커지고 있습니다. 여담이지만 비슷한 취지로, 판결문에서 당사자의 이름을 계속 공개할 것인지 삭제할 것인지를 놓고 다툼이 있었습니다. 현재는 자신의 사건이 아니면 이름이 지워진 판결문만 열람할 수 있습니다. 물론 확정된 판결문에서 당사자를 공개하지 않는 것과 진행 중인 사건에서 공정성을 확보하기 위해 재판을 공개하는 것은 완전히 같은 차원의 문제는 아니겠지요. 공개와 비공개, 어떤 게 더 좋을까요?

법원의 배신?
사법부 과거사 청산 문제

굳게 믿은 법원이 우리의 믿음을 배신한다면 어떨까요? 안타깝지만 그 어떤 권력도 무턱대고 믿어서는 안 됩니다. 1975년 4월 8일 대법원에서 사형 판결을 받은 후 18시간 만에 8명의 청년이 사형을 당한 사건이 있습니다. 이들은 무슨 이유로 사형 선고를 받았고, 사형이 확정되고 하루도 안 되어 사형이 집행된 것일까요?

당시 우리나라는 박정희 대통령 정권 말기로, 유신 헌법 시대였습니다. 유신 헌법은 대통령 선출 방식을 직선제에서 간선제로 바꾸고, 대통령이 국회 의원 3분의 1을 임명하게 하고, 대통령 임기를 4년에서 6년으로 늘리는 등 대통령에게 막강한 권한을 부여한 헌법이었습니다. 유신은 법과 인권, 민주주의를 짓밟았고, 시민들의 자유와 권리를 통제했습니다. 모든 국가 기관과 언론이 유신 정권에 장악됐습니다. 하지만 학생들은 끊임없이 유신 체제에 반대하고 저항했습니다. 그러자 유신 정권은 학생 운동 세력을 제거하려 했습니다. 1974년, 중앙정보부는 유신에 반대한 전국 민주 청년 학생 총연맹(민청학련)을 북한의 지시에 따라 국가를 전복하려 한 범죄 단체로 규정하고, 이들의 배후로 인민 혁명당(인혁당)을 검거했습니다. 하지만 국내는 물론이고 국외에서까지 유신 체제를 비난하는 목소리가 점점 높아지면서 정권은 난감해졌습니다. 결국 유신 정권은 다수의 학생들을 석방하기는 했지만, 학생 운동을 막겠다는 애초의 목적을 달성하기 위해 무언가를 보여 줘야 했습니다. 그래서 8명의 인혁당 피고인에게 사형을 선고한 것입니다. 2002년, 의문사 진상 규명 위원회는 "인혁당 사건은 중앙정보부의 조작"이라고 발표했습니다. 유족들은 이를 근거로 재심을 청구했고, 법원은 2007년 인혁당 희생자 8명에 대해 무죄를 선고했습니다.

헌법은 법원이 오직 "헌법과 법률에 의하여 그 양심에 따라" 심판할 것을 명령합니다. 그러나 법원은 이 사건에서 독재자의 입맛에 따라 8명의 피해자에게 사형을 선고했습니다. 이때 사형의 정당성 문제는 제쳐 두더라도 의문이 생깁니다. 법원이 한 것은 '판결'이었을까요, 아니면 '사법 살인'이었을까요? 국제 법률가 협회는 8명의 피해자에 대한 처형이 이루어진 1975년 4월 9일을 '사법사상 암흑의 날'이라고 지적했습니다.

법원이 공정한 심판을 하길 바라는 우리의 소망과 헌법의 명령이 존재하는 것은, 법원이 현실에서 공정함과는 거리가 있는 모습을 보였기 때문이 아닐까요? 법원 스스로도 이를 잘 알기에 '사법부 과거사 청산'을 외치고 있지만 과거사 반성에 소극적이라는 비판을 받고 있습니다.

법원은 그동안의 잘못을 숨기지 말고 철저하게 반성해야 합니다. 또한 현재, 그리고 앞으로의 판결은 지난 과오를 되풀이하지 않도록 올바르게 해야 합니다. 이것이야말로 법원이 다시 국민에게 믿음을 줄 수 있는 유일한 방법입니다.

다행히, 인혁당 사건을 비롯한 여러 과거사 사건의 피해자들은 민주화가 진행되면서 확정된 판결에 대해 예외적으로 다시 재판하는 절차인 '재심'을 통해 무죄 판결을 받았습니다. 또 국가 배상 소송을 통해 유족들에게 배상금이 지급되었습니다. 앞으로도 우리는 법원이 과거사를 깊이 반성하고 불행한 과거를 다시는 반복하지 않도록 함께 지켜봐야 합니다.

공정한 판단을 위한 장치
법원과 법관의 독립

법원의 판단은 다른 국가 기관으로부터 독립적이어야 합니다. 독립된 법원만이 공정한 판단을 할 수 있기 때문입니다. 법원을 독립적으로 활동할 수 있게 하는 장치는 권력 분립의 원리입니다. 법원의 독립은 조직과 운영 면에서 다른 권력으로부터 독립하는 것을 의미합니다. 예를 들어 행정부 관료와 법관의 겸직은 금지됩니다. 만약 겸직을 하게 되면 법원의 활동이 행정부 안에서의 위계질서에 영향을 받아 독립적으로 이루어지기가 힘들기 때문입니다. 또 법원이 내부 규율이나 사무를 처리할 때 다른 국가 기관의 간섭을 받는다면 독립성이 위태로워집니다. 그래서 법원은 법률에 저촉되지 않는 범위에서 소송 절차, 내부 규율과 사무 처리에 관한 규칙을 독자적으로 제정할 수 있습니다.

한편 법관의 독립은 법관이 재판을 할 때 내부적·외부적 간섭으로부터 독립한다는 의미의 재판상 독립과 이를 위한 신분상의 독립을 뜻합니다. 법관의 독립은 헌법 제103조가 보장하고 있습니다. 법관은 이에 따라 다른 국가 기관은 물론이고 법원 내에서도 상급 법원이나 소속 법원장의 지시나 명령을 받지 않고 재판합니다. 법관의 자격이나 임기를 보장하고, 파면 등을 당할 때에도 엄격한 기준을 요구하는 것도 법관의 독립을 위한 것입니다.

건전한 사회 통념?
사법 판단에서 언어의 주인 되기

루이스 캐럴의 장편 소설 《거울 나라의 앨리스》를 보면 다음과 같은 이상한 대화가 오고 갑니다. 생일 선물이 좋다고 하는 앨리스에게 험프티 덤프티는 앨리스가 아무것도 모른다며 생일이 아닌 날 받는 선물이 더 좋다고 합니다. 그 이유는 1년 중 생일은 하루고, 생일이 아닌 날은 364일이기 때문에 생일이 아닌 날 선물을 더 많이 받을 수 있기 때문이라는 것입니다. 이런 논증(?)을 한 후 험프티 덤프티는 말합니다.

"그럼 생일 선물은 오직 한 번밖에 받을 수 없다는 것을 알았겠구나. 영광스럽게도!"

"'영광'이라니, 전 무슨 뜻인지 모르겠어요."

앨리스가 말했다.

험프티 덤프티는 비웃듯이 미소를 띠었다.

"당연히 모르겠지. 내가 설명해 주기 전까지는 말이야. 그건 '너를 논쟁에서 멋지게 이겼다!'라는 뜻이야."

"하지만 '영광'은 '논쟁에서 멋지게 이겼다.'라는 뜻이 아니잖아요."

앨리스가 항의했다.

"내가 단어를 쓰면,"

경멸하는 말투로 험프티 덤프티가 말했다.

"그 단어는 내가 선택한 의미만 띠게 되는 거야. 더도 말고 덜도 말고."

"문제는,"

앨리스가 말했다.

"당신이 단어들의 의미를 너무나 딴판으로 만드는 데 있어요."

"문제는,"

험프티 덤프티가 말했다.

"누가 주인이 되느냐지. 그게 다야."

앨리스처럼 '이상한 나라'에 있을 때나 오고 갈 것 같은 이런 대화는 사실 판결문에도 등장합니다. 재준이 받은 판결문도 그랬습니다. 재준은 학교를 상대로 한 소송에서 승소하여 손해를 배상받았지만 판결문을 읽으며 의아한 표현들을 발견했습니다.

"사회 공동체의 건전한 상식과 법감정에 비추어 볼 때 용인될 수 있는 한계를 초과한 종교 교육은 위법하고 따라서 손해 배상의 근거가 된다."라는 표현, 또 "사회 통념에 비추어 용인할 수 없을 정도의 징계는 위법하고 따라서 손해 배상의 근거가 된다."라는 표현

이 바로 그것입니다. 이것이 도대체 무슨 뜻일까요?

해석의 기준으로 제시된 이러한 표현들은 실제로 판단을 할 때 중요한 기준이 되는 것은 분명합니다. 이와 같은 모호함이 나름의 유연성을 부여해 주니까요. 그렇지만 수학 문제처럼 한 가지 답을 이끌어 낼 수 없다는 것은 분명했습니다. 생각해 보면 재준네 학교 교칙도 마찬가지였습니다. 교칙은 '성품과 행실이 불량'해서 고칠 수 없는 학생, '정당한 이유' 없이 무단결석을 많이 한 학생, '학생의 본분에 어긋나는' 집단행동으로 수업을 고의적으로 방해한 학생을 퇴학시킬 수 있다고 합니다. 재준은 생각했습니다. '이런 애매한 기준들은 결국 사람마다 떠올리는 내용을 다 다르게 할 거야. 법을 해석한 법관도, 교칙을 해석한 선생님도 결국 개인의 의견을 주장한 건 아닐까?'

법원은 스스로 양심에 따라 재판하고, 법률의 틀을 넘어서는 판단을 하지 않도록 자제하고 있습니다. 만일 법률의 취지와 다른 판단을 하면 그것은 사실상 사법이 아니라 입법과 같아서 권력 분립의 원칙에 위반하는 것이니까요. 그래도 사람이기 때문에 개인의 의견과 완전히 무관한 판단을 할 수는 없을 겁니다. 그렇다면 여럿이 함께 판단을 하는 것이 어떨까요?

사법 기관에 대한 민주적 통제
기소 배심, 국민 참여 재판

민주는 오늘 해야 할 일이 많습니다. 재준과 소송에 관한 이야기를 나눠야 하고 숙제도 해야 합니다. 또 얼마 전 친구 소개로 만난 남자애가 자꾸 연락을 해서 문자도 보내야 하고, 고양이에게 밥도 챙겨 줘야 합니다. 게다가 삼촌은 자신이 쓰고 있는 글을 보여 주며 자꾸 의견을 묻습니다. 이렇게 많은 일을 할 때는 일의 순서를 정한 후, 급하지 않은 일은 뒤로 미루거나 아예 포기해야 합니다. 그렇다면 수사를 하고 공소를 제기할 수 있는 유일한 기관인 검찰이 일을 정하는 순서는 무엇일까요? 검찰은 어떤 사건에 정성을 더 쏟고 어떤 사건은 신경을 쓰지 않을까요? 만일 그 기준이 부당하다면 기소 자체에 대해 법원에 판단을 구하는 재정 신청을 할 수 있지만, 처음부터 자의적인 공소 제기를 막을 수 있다면 더 좋을 것입니다.

아직 우리나라에 도입되지 않은 '기소 배심제'라는 것이 있습니다. 이것은 검사의 공소 제기 단계에서 배심 제도를 실시하는 것이라고 보면 됩니다. 이때 배심 제도란 직업 법관 이외에 국민들이 함께 참여해서 평결을 내리는 제도를 말합니다. 검찰은 사법권을 가진 법원이 아니지만 형사 소송 시 공소 제기 권한은 검찰만 가지고 있기 때문에, 검찰의 통제는 사법 절차에 대한 통제라는 측면에서 중요한 의미를 가집니다.

2008년부터는 직업 법조인이 아닌 국민이 형사 소송에 참여할 수 있게 되었습니다. 이렇게 배심원이 참여하는 형사 재판을 '국민 참여 재판'이라고 합니다. 먼저 배심원 선정 방법을 살펴보면, 법원은 미리 작성된 배심원 후보 예정자 명부에서 배심원 후보자를 무작위로 선정하여 선정된 사람들에게 공지합니다. 재판을 할 때 배심원은 증거에 비춰 보았을 경우 피고인의 범행을 인정할 수 있는지, 그리고 법률에 추상적으로 규정된 형벌을 구체적으로 어떻게 적용할지에 대해 의견을 제시합니다. 이처럼 국민 참여 재판에서는 배심원이 직접 법원의 판단에 관여하기 때문에 사법의 민주적 정당성과 국민의 신뢰를 높일 수 있습니다. 그렇지만 이 제도를 도입할 당시, 대상 사건을 모든 사건이 아닌 법정형이 높은 일부 사건으로 제한했고, 배심원단의 의견도 '권고적 효력'만 인정했기 때문에 법원은 얼마든지 배심원단의 결론과 다른 판결을 내릴 수 있습니다.

사법 기관을 민주적으로 통제하는 방식으로는 이외에도 고위 법관이나 검사를, 선거를 통해 선출하는 방안도 논의되고 있습니다. 그 어떤 사람이라도 임용권자 눈치를 보지 않을 수는 없습니다. 따라서 지금처럼 대통령이 최종 임명권을 행사하는 것보다 국민이 직접 선출하는 것이 민주적으로 더 좋을 수 있습니다. 다만 이 경우 인기에 영합한 문제가 생길 수 있다는 것 또한 간과해서는 안 됩니다.

"문제는,"

삼촌이 말했습니다.

"사법 과정은 독립성이 매우 중요하다는 거야. 법원은 공정해야 하고 그러기 위해서는 다른 국가 기관이나 법원의 상급자로부터 독립적이어야 해. 여론으로부터도 독립적이어야 하고 말이야. 당장의 국민적 분노 때문에 공정해야 할 법적 판단이 휘둘려서는 안 되는 거니까."

"문제는,"

민주가 말했습니다.

"'독립성'은 아무런 통제도 받지 않는다는 뜻이 아니라는 거예요. 주권자인 우리가 국가 기관을 통제할 수 있을 때만 스스로를 주인이라고 부를 수 있어요. 그리고 검찰도 법원도, 민주적 통제를 받을 때야말로 우리의 기본권을 더 잘 보장할 수 있지 않을까요?"

계속해서 변화를 시도하다
재판 외 분쟁 해결 수단, 피해자의 소송 참여

"재준이는 잘 지내니? 승소했으니 좋겠네."

삼촌이 묻자 민주는 머뭇거리다가 대답했습니다.

"좋기만 한 건 아닌가 봐요. 소송이 진행되는 내내 변호사에게 학교에서 있었던 일을 이야기하는 게 썩 달갑지 않았대요. 법원에 서도 그렇고요. 또 변호사 수임료도 비싼 데다가 승소할 경우엔 성공 수당을 주기로 해서 배상받은 돈은 거기에 다 썼나 보디라고요."

"응, 그렇겠지. 원래 수임료는 말 그대로 일을 맡아서 처리하는 대가이고, 결과를 보장하지는 않으니까 보통 그렇게 받아. 결과까지 만족스러우면 돈을 더 주는 걸로 말이야. 또 인지대도 꽤 냈을 텐데? 인지대는 법원에서 서류를 뗄 때 받는 수수료인데, 소송하는 동안 오가는 서류가 많아서 인지대로 나가는 비용도 꽤 되지."

삼촌은 계속 말했습니다.

"형사 소송에 휘말리면 더 골치 아파. 계속 경찰서나 검찰청에 불려 다녀야 하고, 기억하고 싶지 않은 이야기를 계속해야 하거든. 그런데 이야기를 한다고 해도 수사 기관이나 법원이 이야기를 잘 듣는 것 같지도 않아. 수사 기관은 소송에 유리한 내용만 뽑는 게 중요하지, 말하는 사람의 기분이 어떤지는 별로 중요하지 않으니까.

그리고 결정적으로 가해자에게 사과도 못 받고 오히려 '두고 보자.' 라는 소리까지 듣기도 한다니까."

소송을 통해 우리가 얻으려는 것은 무엇일까요? 흔히 사람들이 하는 "법대로 하자."라는 말은 사실 "갈 데까지 가 보자."라는 의미와 크게 다르지 않습니다. 그렇지만 갈 데까지 가서 얻는 결과는 소송에 따르는 막대한 비용과 오랜 시간뿐이고, 이는 사람들을 지치게 합니다. 이런 손해 보는 싸움에 뛰어든 당사자는 어쩌면 자신의 이익 때문이 아닌, 인격과 법감정의 문제 때문에 투쟁을 하는 것인지도 모릅니다.

사람들은 소송을 진행할 경우 비용도 많이 들고 시간도 지나치게 많이 소요되는 문제를 해결하고, 피해자의 입장도 고려할 수 있

10대를 위한 생각하는 헌법

는 다른 분쟁 해결 수단을 찾기 시작했습니다.

우선 민사 소송에서는 조정과 중재 제도가 있습니다. 조정과 중재 모두 중립적 제3자와 당사자가 진행하는, 소송이 아닌 절차입니다. 조정은 당사자가 협상을 통해 합의하는 과정에서 조정인이 도와주는 형식이고, 중재는 당사자가 계약을 통해 판단을 아예 제3자에게 맡기는 방식입니다. 결국 이러한 제도는 소송이 추구하는 '진실'이나 '정의'보다 당사자 간의 '화해'나 '합의'를 중시하게 됩니다.

형사 소송에서는 검사와 피고인을 중심으로 소송이 진행되기 때문에 정작 피해자는 관심의 주변부로 밀려났습니다. 그러다가 성범죄를 중심으로 피해자에 대한 관심이 높아지기 시작했고, 현재는 성범죄 외에 다른 범죄들에 대해서도 피해자를 보호하기 위한 논의가 확대되고 있습니다. 가해자와 피해자가 주체적으로 해결 방안을 모색해 가는 것, 피해자에 대한 물질적 지원, 그리고 수사와 공판을 아우르는 형사 절차 전반에서 피해자를 보호하는 방안 등이 논의되었고, 이 중에서 일부는 특별법에 반영되기도 했습니다. 물론 이러한 제도는 다른 제도와의 관계에서 조화를 이루기 어려운 부분이 많이 있습니다. 그래서 이러한 문제의식에 공감하는 경우에도 이를 어느 정도로 보장해야 할지 논의가 계속되고 있습니다.

사법부의 어두운 과거는 존재하지만 반성을 토대로 변화하고 있고, 재판 과정에 시민들의 참여가 조금씩 확대되고 있습니다. 앞으로 법원은 어떻게 발전해야 할까요? 여러분의 상상력에 묻습니다.

제6회 헌법능력평가

우리 사회에는 체벌이 만연해 있습니다. 군대는 물론이고 학교에서도 체벌을 당연하게 생각하고 오히려 이를 권장하는 것처럼 보일 때도 있습니다. '사랑의 매'라는 단어만 봐도 우리가 체벌을 일상적이고 당연한 것으로 생각한다는 사실을 알 수 있습니다. 그렇다면 체벌은 곧 사랑이고 '과한 체벌'만 폭행에 해당할까요?

세계 인권 선언과 유엔 고문 방지 위원회는 체벌은 고문의 일종이며 이를 멈춰야 한다고 말합니다. 체벌은 신체의 자유를 침해할 뿐만 아니라, 폭력을 통해 '굴종'을 이끌어 내므로 양심의 자유도 침해합니다. 이렇게 보면 체벌은 그 자체로 폭력이고 결코 정당화될 수 없습니다. 체벌로 단련된 순종적 태도는 "가만히 있으라."라는 권위자의 말에 아무런 의문을 제기할 수 없게 합니다.

우리 법원은 체벌은 허용되지 않지만 교육상 불가피한 경우에 예외적으로만 허용된다고 합니다. 하지만 이때의 예외는 '사랑의 매'와 '과한 체벌'을 나누어 사랑의 매는 범죄가 아님을 주장하는 것입니다. 여러분은 체벌에 대해 어떻게 생각하나요? 그리고 법원은 '체벌' 사건에 대해 어떤 입장에서 판결해야 할까요?

청소년은 아직 미숙한 존재여서 말로 해서는 못 알아듣는 경우가 있어. 선생님이 조용히 하라고 해도 우리가 조용히 있는 건 아니잖아? 불가피한 경우가 분명 있으니까 체벌을 인정할 수밖에 없어. 폭행을 했다고 해도 정당방위로 인정되면 예외적으로 무죄가 되는 것처럼, '과하지 않은 체벌'도 폭행이 아닌 거야. 체벌을 예외적으로 허용한 법원의 태도는 앞으로도 유지되어야 해.

체벌을 하면 당장 눈에 보이는 효과는 있겠지. 그렇지만 두려움 때문에 어쩔 수 없이 행동을 바꾸는 게 옳은 걸까? 힘으로 제압당한 사람은 또 다른 약한 사람을 찾아서 힘으로 누르게 되어 있어. 폭력은 순환되는 거야. 체벌이 불가피한 상황은 왜 생겼을까? 통제 없이는 이루어지기 힘든 주입식 교육과 무관한 걸까? 체벌을 예외적으로 허용한 법원의 태도는 바뀌어야 해.

7장

법원인 듯
법원 아닌

헌법 재판소

응답하라, 헌법 재판!
나를 둘러싼 헌법 재판, 그리고 헌법 재판소

1장에서 민주와 친구들이 헌법 재판소를 견학한 장면을 기억하나요? 그때 헌법 재판소 주변에는 많은 사람들이 팻말을 들고 각자의 목소리를 내고 있었습니다.

어느 교원 단체는 교육감 직선제가 헌법에 위배된다며 헌법 소원을 추진하겠다고 외쳤습니다. 비정치 기관의 장인 교육감을 고도의 정치 행위인 선거로 선출하게 하는 것은 잘못이고, 직선제는 헌법이 규정하는 교육의 자주성·전문성·정치적 중립성 등을 훼손한다며 말입니다. 민주는 민주주의의 꽃이 선거라고 배웠는데, 교육감을 선거로 뽑는 게 왜 헌법에 위배되는 것인지 어리둥절했습니다.

그 근처에서는 민주 또래의 친구들이 헌법 재판소의 결정을 비판했습니다. 얼마 전 헌법 재판소에서 청소년이 특정 시간에 온라인 게임을 할 수 없도록 하는 '온라인 게임 셧다운제'에 대해 합헌 결정을 내렸기 때문입니다. 청소년들은 셧다운제가 청소년의 행복 추구권 같은 헌법에서 보장하는 기본권을 침해하는데도 이에 대해 합헌 결정을 내린 것을 도저히 이해할 수 없다고 말했습니다. 또 청소년을 미숙한 존재로 치부하여 '보호'라는 이름 아래 어른들이 언제든 통제할 수 있다는 생각은 권위주의적인 편견이라고 비판했습

10대를 위한 생각하는 헌법

니다.

민주는 사람들의 목소리를 들으며, 헌법 재판소가 무슨 일을 하는 곳인지 더 궁금해졌습니다. 그러고 보니 지금까지 크게 관심을 두지 않았을 뿐, 주변에서 헌법 재판에 대한 이런저런 이야기를 들은 적이 있습니다.

민주가 부모님과 가끔 가는 식당의 주인아저씨는 네팔 출신 티벳인입니다. 민주네 가족은 친절하고 늘 환하게 웃는 아저씨를 좋아했습니다. 그런데 오랜만에 식당에 가니 아저씨 얼굴에는 근심이 가득했습니다. 사정은 이랬습니다. 한국인 아내와 세 아이를 둔 아저씨는 몇 개월 전, 한국으로 귀화 신청을 했다고 합니다. 서류 심사와 면접 심사까지 합격했던 아저씨는 얼마 후 법무부로부터 귀화 신청이 불허되었다는 연락을 받게 되었습니다. 그가 '품행이 단정'하지 않다는 것이 그 이유였습니다. 어렵게 차린 식당이 재개발 때문에 철거를 당할 위기에 놓여 이를 막았을 뿐인데 벌금형을 받았고, 이것을 이유로 귀화를 불허한 것입니다. 이제 아저씨는 언제든지 강제 퇴거를 당할 수 있는 불안한 위치에 놓이게 되었습니다. 아저씨는 '품행 단정'이라는 귀화 기준이 헌법에 위반된다며 위헌 법률 심판 제청 신청을 할 거라고 했습니다.

민주의 동아리 선배도 헌법 재판소에 간 적이 있다고 했습니다. 민주주의 사회의 시민이라면 자신이 사는 지역의 여러 일에 참여할 수 있어야 하는데, 만 19세 미만의 청소년들은 공직 선거법과 정당

법 때문에 투표를 할 수도 없고, 선거에 출마할 수도 없으며, 정당에 가입을 할 수도, 심지어 선거 운동도 할 수 없어서 이에 문제 제기를 하러 간 것입니다.

이처럼 많은 사건이 헌법 재판소에 접수되고, 많은 시민이 헌법 재판소의 결정 한마디를 기다리고 있습니다. 그런데 한 가지 궁금한 것이 생깁니다. 국회가 입법을 잘못해서 시민들의 기본권이 침해됐다면 국회를 찾아갈 수도 있고, 정부의 정책이 잘못됐다면 정부 청사를 찾아갈 수도 있을 텐데 왜 우리는 헌법 재판소로 가는 것일까요? 민주는 헌법을 살펴봤습니다. 헌법은 헌법 재판소가 법률이 헌법에 위반되는지, 국가 기관이 국민의 기본권을 침해했는지, 대통령 등 고위 공무원이 헌법을 위반했을 때 그를 파면해야 하는지, 정당이 민주적이지 않아서 해산해야 하는지에 대해 판단하도록 규정하고 있었습니다. 이런 사건들이 있을 때 헌법 재판소가 **헌법** 규정을 **해석**해서 다른 국가 기관을 감시하도록 한 것입니다.

그런데 민주는 살짝 불안해졌습니다. '그럼 헌법 재판소가 우리를 대표하는 국회가 만든 법률을 무효라고 선언할 수 있다는 거잖아. 우리가 뽑은 대통령과 지지하는 정당도 무력화할 수도 있고?!' 민주는 헌법 재판소를 더 자세히 알아봐야겠다고 생각했습니다. 그때 민주가 펼쳐 놓은 어느 책은 이런 물음을 던지고 있었습니다.

"감시자는 누가 감시하는가?"

헌법 재판은 우리가 한다!
우리 헌법 재판소의 탄생 과정

헌법 재판소는 언뜻 보면 법원과 비슷해 보입니다. 먼저 나서서 문제를 해결하는 것이 아니라, 접수된 사건이 있을 때 판단만 할 수 있으니까요. 또한 우리가 뽑지도 않고, 비난한다고 자리에서 물러나지도 않는 '선출되지 않은 권력'입니다. 그렇다면 헌법 재판을 법원이 할 수도 있는 것 아닐까요? 맞습니다. 다른 나라의 경우를 보면 우리처럼 헌법 재판 기관을 별도로 두는 나라도 있고, 법원에서 헌법 재판을 하는 나라도 있습니다. 헌법 재판소를 둘지, 법원이 헌법 재판을 할지는 어디까지나 정책적으로 판단할 문제입니다. 각 나라별로 걸어온 역사가 다르기 때문입니다.

그렇다면 우리나라의 헌법 재판소는 어떻게 탄생했을까요? 우리나라에 헌법 재판 제도가 들어오는 과정에도 많은 우여곡절이 있었습니다. 처음 헌법이 만들어진 1948년 제헌 헌법에서는 '헌법 위원회'와 '탄핵 재판소'라는 기관을 두었습니다. 이때 헌법 위원회는 위헌 법률 심판을, 탄핵 재판소는 탄핵 심판만을 처리하도록 했습니다. 헌법 위원회는 부통령을 위원장으로 하고 대법관 5명과 국회 의원 5명이 위원으로 구성되었고, 탄핵 재판소는 부통령을 재판장으로 하고 대법관 5명과 국회 의원 5명이 심판관으로 구성되었습니다. 헌법 위원회는 1950년부터 업무를 시작했는데, 그 활동은 미미하여 10년 동안 6건의 위헌 법률 심판 사건을 처리했습니다.

이렇게 이어지던 헌법 재판 제도는 1960년 제3차 개헌에서 변화했습니다. 헌법 위원회의 역할이 미미했던 점에 유의하여 헌법 위원회를 없애고 대신 헌법 재판소 제도를 도입한 것입니다. 이때의 헌법 재판소는 위헌 법률 심판, 권한 쟁의 심판, 위헌 정당 해산 심판, 탄핵 재판, 선거 소송 심판 등을 담당하여 지금의 헌법 재판소와 그 역할이 거의 비슷했지만, 5·16 군사 정변이 일어나면서 실제로 설치되지는 않았습니다.

1962년 제5차 개헌에서는 따로 헌법 재판 기관을 두지 않고 대법원이 위헌 법률 심판, 위헌 정당 해산 심판, 선거 소송 심판을 하도록 하고, 탄핵 심판은 탄핵 심판 위원회가 맡도록 했습니다.

1972년에는 유신 헌법(제7차 개헌)이 만들어지면서 대법원은 법률에 대한 위헌 여부 심사를 할 수 없게 되었습니다. 대신 다시 헌법 위원회를 두어 위헌 법률 심판, 탄핵 심판, 위헌 정당 해산 심판을 맡게 했습니다. 그렇지만 당시 헌법 위원회에서는 단 한 건의 위헌 법률 심판도 이루어지지 못한 것으로 유명합니다.

1980년 제8차 개헌에서도 헌법 위원회가 위헌 법률 심판, 탄핵 심판, 위헌 정당 해산 심판을 맡았는데 위헌 법률 심판은 종전보다 더 어려워졌습니다.

1987년 민주화 투쟁을 통해 얻어 낸 현행 헌법에서 헌법 재판소가 부활하고 실제로 헌법 재판을 하기 시작했습니다.

헌법 재판의 역사

헌법 위원회와 탄핵 재판소 → 헌법 재판소 → 법원과 탄핵 심판 위원회 → 헌법 위원회 → 헌법 재판소

지혜의 아홉 기둥?

헌법 재판관, 재판부의 운영, 일반적인 심판 절차

민주는 헌법 재판소가 어떻게 구성되고, 또 누가 헌법 재판관이 되는지 궁금해서 헌법 재판에 관한 헌법 규정을 찾아보았습니다. 헌법 재판소 재판관은 9명으로 구성됩니다. 민주는 헌법 재판소 건물에 있는 무궁화 9개를 떠올렸습니다.

헌법 재판관은 법관의 자격을 가져야 하고 대통령이 임명합니다. 대통령이 임명하는 9명 중 3명은 국회에서 선출된 자, 3명은 대법원장이 지명한 자를 임명하도록 되어 있습니다. 헌법 재판소장은 대통령이 국회의 동의를 얻어 임명합니다.

헌법 재판소 재판관의 임기는 6년입니다. 임기가 끝나더라도 다시 재판관으로 활동할 수 있습니다. 그리고 탄핵이나 금고 이상의 형의 선고가 있지 않는 이상 파면되지 않습니다. 이와 같은 신분 보장은 법관의 신분 보장과 마찬가지로 판단 과정의 **독립성**을 보장하기 위한 것입니다.

헌법 재판은 재판관 전원으로 구성되는 전원 재판부와 재판관 3명으로 구성되는 지정 재판부에서 담당합니다. 혹시 대법원의 '전원 합의체'라는 말을 들어 본 적 있나요? 그렇다면 헌법 재판소의 '전원 재판부'도 비슷한 것이 아닌가 하는 생각이 들 수 있습니다. 하지

10대를 위한 생각하는 헌법

헌법 재판소 건물 정면 외벽에 새겨진 무궁화 9개.
이는 9명의 헌법 재판소 재판관을 상징합니다.

만 이 둘은 전원이 모인다는 점을 제외하면 전혀 다릅니다.

우선 대법원에서 판결을 할 때는 대법관 13명 전부가 각각의 사건에 참여하는 것은 아닙니다. 4명씩 부를 이루어서 사건을 담당하는데, 이때 대법관들의 의견이 일치하지 않거나 기존 판례를 변경할 필요가 있을 경우에만 전원 합의체에서 판결을 합니다. 그러나 헌법 재판소에서의 전원 재판부는 대법원의 경우와 다릅니다. 헌법 재판소의 지정 재판부는 헌법 소원 심판의 사전 심사를 담당하고, 합헌인지 위헌인지와 같은 실질적인 부분에 대한 판단은 언제나 전원 재판부가 하게 됩니다. 그러니까 헌법 재판소는 항상 전원 합의체라고 보면 됩니다. 헌법 재판소에 접수된 사건을 심리하기 위한 정족수는 7명입니다.

헌법 재판소가 심판을 하려면 우선 신청이 접수되어야 합니다. 각 심판의 청구인이 "이것 좀 판단해 주세요."라고 신청을 한 후에야 헌법 재판소가 심판 절차를 개시하는 겁니다. 이때 청구인이 국가 기관이 아닌 개인이라면 변호사를 대리인으로 선임해야만 합니다. 정부가 당사자일 경우에는 법무부 장관이 대리를 담당합니다.

아, 여기서 청구인이 뭐냐고요? 헌법 재판에서 자기 이름으로 심판을 해 달라고 하는 사람이 청구인입니다. 청구인의 상대방인 당사자를 피청구인이라고 하고요. 이는 일반 법원에서 소송을 할 때 당사자인 원고, 피고에 각각 대응하는 말입니다. 9명의 재판관은 접수된 사건에 대해 심리를 하고 결정을 해야 합니다. 앞서 말한 것처럼 심리를 하기 위해서는 재판관 7명 이상이 출석을 해야 합니다.

법원의 소송 절차에서처럼 헌법 재판소의 심리 절차에서도 구두 변론이 이루어집니다. 서류만 가지고 검토하는 것이 아니라 청구인 등의 말을 직접 들어 보는 것이지요. 탄핵 심판·위헌 정당 해산 심판·권한 쟁의 심판은 반드시 구두 변론을 거쳐야 하고, 위헌 법률 심판과 헌법 소원 심판은 서면 심리를 원칙으로 합니다. 그렇지만 위헌 법률 심판과 헌법 소원 심판을 할 때도, 재판부가 필요하다고 생각하면 변론을 열 수 있습니다. 위헌 법률 심판·위헌 심사형 헌법 소원 사건은 사건이 접수되면 당사자 및 법무부 장관이 법률의 위헌 여부에 대한 의견서를 제출할 수 있습니다. 권리 구제형 헌법 소원 사건의 경우에도 심판에 이해관계를 가진 국가 기관 등은 의견서를 제출할 수 있습니다. 또 재판부는 증거 조사를 할 수 있고, 다른 국가 기관 등에 대해 필요한 자료를 제출하라고 요구할 수 있습니다.

심리를 마치면 종국 결정을 합니다. 위헌 결정, 탄핵 결정, 정당 해산 결정과 헌법 소원의 인용 결정, 즉 청구인의 청구를 받아들이는 결정을 할 때는 재판관 6명 이상이 찬성해야 합니다. 또 헌법 재판소가 지금까지의 견해를 바꿀 때, 예를 들어 수형자의 선거권 제한이 합헌이라는 것이 헌법 재판소의 기존 입장이었다가 이를 위헌이라고 입장을 변경할 때도 6명 이상이 찬성해야 합니다. 그밖에 권한 쟁의 심판의 인용 결정이나, 소송 조건을 판단할 때는 관여한 재판관의 과반수(5명 이상)로 충분합니다.

헌법 재판을 청구할 수 있는 기간을 넘기지 않았는지, 청구인은 이 사건과 관련이 있는 사람인지 등을 심사하는 소송 조건 심사는 지정 재판부가 합니다. 지정 재판부의 심사 결과, 조건을 갖추지 않아서 청구한 내용을 판단하지 않겠다는 결정을 할 수 있는데 이것을 '**각하**'라고 합니다. 또한 청구한 내용을 판단하여 청구인의 주장을 받아들이는 것을 '**인용**'이라 하고, 청구인의 주장을 받아들이지 않는 것을 '**기각**'이라고 합니다.

이 법률은 헌법 위반일까?

위헌 법률 심판

위헌 법률 심판은 법률이 헌법에 위반되는지 여부를 심사하여, 만일 헌법에 위반된다면 법률의 효력을 상실시키는 것입니다. 예를 들어 법원이 재판을 할 때, 적용하려는 법률이 헌법에 위반되는 것은 아닌지 의심스러울 수 있습니다. 그럴 때 법원이 직권으로 또는 소송 당사자의 신청에 따라 위헌 법률 심판을 헌법 재판소에 제청합니다. 이때 진행 중이던 사건은 헌법 재판소의 결정이 있을 때까지 정지되는 것이 원칙입니다. 헌법 재판소의 심사 결과 위헌 결정을 할 수도 있고, 합헌 결정을 할 수도 있습니다. 종종 헌법 불합치 결정을 하는데, 이것은 해당 법률이 위헌이지만 즉각 무효화를 할 때 따르는 법의 공백과 사회적 혼란을 피하기 위해 효력 상실의 시기를 뒤로 미루는 것입니다. 한정 위헌 결정을 하면 미루는 시기까지 국회에 대안 법률을 만들 것을 요구하기도 하는데, 이것이 잘 지켜지지 않는 경우도 많습니다.

헌법을 위반한 당신, 파면!

탄핵 심판

2004년, 헌법 재판소는 부담스러운 사건을 맡았습니다. 국회가 대통령의 탄핵을 의결하여 헌법 재판소에 **탄핵 심판**을 청구한 것입니다. 당시 대통령이었던 노무현 대통령이 출신 정당에 대해 계속 지지를 표명하고, 국민들에게 해당 정당에 대한 지지를 호소했다는 것 등이 그 이유였습니다. 모두의 눈과 귀가 헌법 재판소로 쏠렸습니다. 헌법 재판소는 탄핵 심판 결정에서 대통령이 헌법을 위반했지만 이는 중대한 위반이 아니기 때문에 대통령을 탄핵할 수 없다며 국회의 탄핵 소추를 기각했습니다.

헌법이 제시하는 탄핵의 요건은 '헌법 위반'일 뿐, 그것이 중대한지 아닌지는 불문하고 있습니다. 그래서 탄핵 심판 결정 후 헌법 재판소가 마음대로 조건을 만든다며 비판을 받기도 했습니다. 또 이런 사건이 드물다 보니 이 사건의 결정문이 실린 헌법 재판소 책자는 세계로 수출되기도 했습니다.

이처럼 탄핵 심판은 직무상 위법 행위를 한 고위 공직자를 특별한 절차를 통해 파면시키는 제도입니다. 헌법 재판소법 제48조를 보면 대통령, 국무총리, 국무 위원 및 행정 각부의 장, 헌법 재판소 재판관, 법관 및 중앙 선거 관리 위원회 위원, 감사원장 및 감사 위원, 그밖에 법률에서 정한 공무원이 직무 집행에서 헌법이나 법률을 위반한 경우, 국회는 헌법 및 국회법에 따라 탄핵의 소추를 의결할 수 있다고 합니다. 탄핵 소추 후 헌법 재판소는 탄핵 심판을 하게 됩니다. 즉 탄핵 소추 의결권은 국회가 가지고 탄핵 심판권은 헌법 재판소가 갖습니다.

민주주의의 적에겐 민주주의도 없다?

위헌 정당 해산 심판

탄핵 심판에 이어 세계적으로 알려질 만한 사건이 하나 더 있습니다. 2013년 11월, 정부는 국무 회의를 거쳐서 통합진보당에 대한 정당 해산 심판을 청구했습니다. 헌법 제8조 제4항과 헌법 재판소법 제55조는 정당의 목적이나 활동이 민주적 기본 질서에 위배될 때, 정부는 국무 회의의 심의를 거쳐 헌법 재판소에 **위헌 정당 해산 심판**을 청구할 수 있다고 규정합니다.

정부의 주장은, '일하는 사람이 주인이 되는 자주적 민주 정부'를 수립한다는 통합진보당의 '진보적 민주주의'가 북한의 건국 이념과 같으며, 일하는 사람인 민중만이 주권을 가지는 사회를 추구한다는 것은 국민 주권주의에 반하기 때문에 통합진보당을 해산해야 한다는 것입니다. 이 사건은 현재 변론 중입니다.

이 사건에 대해 정부와 같은 입장을 가진 사람도 있고, 정치적 반대자에 대한 탄압이라는 비판도 거셉니다. 위헌 정당 해산 심판은 보통 반대자를 탄압하기 위해 청구되는 경우가 많기 때문입니다. 또 이 심판은 나와 다른 생각을 가진 사람을 어떻게 대하는지 알 수 있어서 결과가 주목됩니다. A와 B의 주장이 같으면 둘은 같은 편이라는 주장도 옳은 것인지 의심이 듭니다. 예를 들어 우리 정부는 '법과 질서'를 강조합니다. 그런데 북한도 현 정권에 들어서면서 '법과 질서'를 강조하고 있습니다. 우리 정부와 북한이 강조하는 것이 같다고 해서 우리 정부가 북한에 동조하는 것은 아닙니다.

'법을 통한 민주주의 유럽 위원회(일명 '베니스 위원회')'는 정당을 함부로 해산하고 금지하는 것은 민주주의를 파괴할 수 있기 때문에 정당 해산의 기준을 엄격히 정하고 있습니다. 기준의 주요 내용 중 하나는 정당의 금지나 해산은 정당이 민주적 헌정 질서를 전복하기 위한 수단으로 폭력을 사용하거나 폭력 행사를 옹호함으로써 헌법에 의해 보장된 권리와 자유를 위태롭게 하는 경우에만 정당화될 수 있다는 것입니다.

이건 내 권한인데
얘가 마음대로 했어요!
권한 쟁의 심판

2013년, 서울시 교육감(A)과 교육부 장관(B)이 권한 다툼을 했습니다. 무슨 일이 있었냐고요? 서울시 교육감은 2011년 9월, 체벌 금지, 두발 및 복장 자유화, 학생의 집회 자유 등을 핵심으로 하는 '서울시 학생 인권 조례'를 서울시 의회에 발의했습니다. 그런데 교육감이 업무를 할 수 없게 되면서 서울시 교육감 권한 대행(A′)이 대신 업무를 맡게 되었습니다. 서울시는 석 달 뒤인 2011년 12월 19일 학생 인권 조례를 의결하고 이튿날 서울시 교육감 권한 대행(A′)에게 이송했습니다. 그런데 서울시 교육감 권한 대행(A′)은 학생 인권 조례안을 공포하지 않고, 2012년 1월 9일 조례안의 일부 내용이 법령에 위반된다는 이유로 조례안을 다시 의결할 것을 서울시 의회에 요구했습니다. 그러던 중 업무에 복귀한 서울시 교육감(A)은 2012년 1월 20일, 서울시 교육감 권한 대행(A′)이 행사했던 학생 인권 조례안에 대한 재의 요구를 철회했습니다. 그러자 교육부 장관(B)은 서울시 교육감(A)에게 재의 요구를 하도록 요청했습니다. 하지만 서울시 교육감(A)은 이를 따르지 않고 2012년 1월 26일, 학생 인권 조례를 공포했습니다. 그러자 교육부 장관(B)은 재의

10대를 위한 생각하는 헌법

요구는 자신의 권한이고 자신이 재의를 하라고 하면 따라야 하는데 서울시 교육감(A)이 그러지 않아 자신의 재의 요구권이 침해당했다며 **권한 쟁의 심판**을 청구한 것입니다. 이에 헌법 재판소는 청구인의 청구를 기각하고 서울시 교육감의 손을 들어 줬습니다.

이처럼 국가 기관 상호간, 국가 기관과 지방 자치 단체 간 및 지방 자치 단체 상호 간에 권한의 유무 또는 범위에 관해 다툼이 있을 때, 헌법 소송을 통해 심판하는 제도를 권한 쟁의 심판이라고 합니다. 권한 쟁의 심판을 청구할 수 있는 주체는 해당 국가 기관 또는 지방 자치 단체입니다. 그리고 이러한 권한 쟁의 심판 청구는 문제를 삼으려는 행동이 청구인의 권한을 침해했거나 권한을 침해할 현저한 위험이 있는 경우에만 할 수 있습니다.

공권력이 기본권을 침해했을 때
헌법 소원 심판

헌법의 위임에 따라 제정된 헌법 재판소법은 두 가지 유형의 헌법 소원 심판을 규정하고 있습니다.

첫 번째 유형은 공권력이 권한 행사를 하거나 하지 않아서 기본권이 침해된 경우를 대상으로 합니다. 이것을 **권리 구제형** 헌법 소원이라고 합니다. 2013년 5월, 녹색당과 동물보호시민단체 카라는 현행 축산법에 대해 헌법 소원을 신청했습니다. 육류 생산량을 최대화하고 비용을 최소화하기 위해 몸을 돌릴 수조차 없는 비좁은 공간에서 밀집 사육하는 '공장식 축산'을 허용·권장하는 축산법이 국민의 행복 추구권, 생명 및 신체의 안전에 관한 권리, 보건에 관한 권리를 침해한다는 주장입니다. 또한 공장식 축산은 조류 독감이나 신종 인플루엔자 A 같은 새로운 질병을 발생시켜서 인간의 건강까지 위협하고, 대량 생산된 육류를 과다하게 섭취하게 함으로써 비만이나 고혈압 같은 성인병을 증가시킨다고도 지적했습니다. 즉 공권력의 일종인 국회의 입법권 행사 결과 제정된 법률이 그 자체로 직접 기본권을 침해했다는 것이지요. 이 사건은 현재 진행 중입니다.

두 번째 유형은 **위헌 심사형** 헌법 소원입니다. 이는 법원에 위헌 법률 심판 제청 신청을 하였으나 기각된 경우, 그 신청을 한 당사자가 헌법 재판소에 위헌 여부의 심판을 청구하는 제도입니다.

앞에서 본 것처럼 위헌 법률 심판은 법원이 헌법 재판소에 제청을 하면서 소송이 시작됩니다. 따라서 실질적으로는 법원이 법률의 위헌 여부를 심사하는 것과 같습니다. 만일 민주가 소송 중인데, 적용될 법률이 헌법에 위반된다고 생각한 경우를 가정해 볼까요? 민주는 소송 중이던 법원에 위헌 법률 심판 제청 신청을 하고, 법원은 대법원을 거쳐 헌법 재판소에 위헌 법률 심판 제청을 합니다. 그런데 법원이 문제된 법률은 위헌이 아니라고 하면, 헌법 재판소에서 법률의 위헌성에 대해 다툴 여지가 없이 그대로 소송을 포기해야 하는 사태가 발생할 수 있습니다. 위헌 심사형 헌법 소원은 이런 경우, 헌법 재판소가 헌법 소원을 통해 문제된 법률이 위헌인지 아닌지를 심판하도록 절차를 마련한 것입니다. 따라서 이것은 법원을 견제하는 장치이기도 합니다.

"○○○ 법은 헌법에 위반된다."
헌법 재판의 효력

헌법 재판소의 결정은 확정력을 갖습니다. 이는 동일한 심판 사건에서 헌법 재판소가 내린 결정을 더 이상 취소하거나 변경할 수 없다는 뜻입니다. 헌법 재판은 헌법 재판소에서만 담당합니다. 즉 2심이 존재하지 않습니다. 그래서 헌법 재판소의 결정에 대해 상소와 같은 불복 제도는 존재하지 않습니다.

헌법 재판소에서 법률을 위헌이라고 결정하거나 헌법 소원을 인용하는 결정을 하면, 모든 국가 기관과 지방 자치 단체는 이를 따라야 합니다. 또한 헌법 재판소의 결정은 일반인들에게도 효력을 미칩니다. 헌법 재판소가 위헌 결정을 하면 그 법 규범은 일반인들이 준수할 필요가 없게 되기 때문입니다.

이러한 결정에 앞서 결정의 실효성을 확보하기 위해 잠정적으로 필요한 처분을 할 수 있는 경우도 있습니다. 이것을 '가처분 결정'이라고 합니다. 가처분 결정은 헌법 재판소가 청구인이 주장하는 내용에 대해 인용할지 기각할지를 판단하기 전에 회복하기 어려운 손해가 발생할 경우를 대비한 것입니다. 만일 인용 결정이 내려지더라도 그 사이에 회복할 수 없는 손해가 발생한다면 결정은 아무 의미를 갖지 못할 테니까요. 가처분 결정은 위헌 정당 해산 심판과 권한 쟁의 심판에 대해서만 할 수 있습니다. 예를 들어 통합진보당의 위헌 정당 해산 심판 사건에서도 가처분 신청이 있었습니다. 즉 정부는 통합진보당이 헌정 질서를 어지럽히고 있는데, 헌법 재판소의 해산 결정을 기다리기에는 시간이 너무 오래 걸리니 결정 전에 정당 활동을 정지시켜 달라고 한 것입니다. 가처분 결정을 위해서는 재판관 7인 이상이 참여해서 그중 과반수가 찬성해야 합니다.

감시자는 누가 감시하는가?
헌법 재판과 국민 주권

헌법 재판소에 대해 알아본 민주는 잠시 생각에 잠겼습니다. 통치 기구는 우리의 기본권을 보장하기 위해 존재합니다. 그렇지 못할 때 우리는 헌법 재판소를 찾아가고, 헌법 재판소는 판단을 합니다. 그런데 뭔가 석연치 않은 것은 왜일까요?

'헌법 재판소는 만 19세 미만은 투표를 할 수도, 정당에 가입할 수도, 선거 운동을 할 수 없다는 법도 위헌이 아니라고 했잖아. 영국, 프랑스, 독일, 미국을 비롯한 전 세계 대부분의 국가가 만 18세에 선거권을 갖는데 말이야. 만 18세 이상이 되면 결혼도 할 수 있고 국방의 의무도 져야 하는데 왜 정치에는 참여할 수 없는 거야? 헌법 재판소, 이해할 수 없어.'

"그게 헌법이야."

민주 앞에 험프티 덤프티가 비웃듯이 미소를 띠고 있었습니다.

"그게 헌법이라니, 무슨 뜻인지 모르겠어요."

"당연히 모르겠지, 내가 설명해 주기 전까지는 말이야. 그건 청소년에게 참정권을 주지 않아도 합헌이라는 뜻이야."

민주는 항의했습니다.

"하지만 헌법은 청소년이 투표나 선거 운동을 해서는 안 된다고 하지 않았어요."

"내가 단어를 쓰면,"

경멸하는 말투로 험프티 덤프티가 말했습니다.

"그 단어는 내가 선택한 의미만 띠게 되는 거야. 더도 말고 덜도 말고."

"문제는,"

민주가 말했습니다.

"당신이 단어들의 의미를 너무 딴판으로 만드는 데 있어요."

"문제는,"

험프티 덤프티가 말했습니다.

"누가 주인이 되느냐지. 그게 다야. 너에겐 참정권이 없구나. 영광스럽게도!"

험프티 덤프티가 사라진 후, 민주는 고민에 잠겼습니다. 그러다가 문득 헌법 재판소가 내린 결정은 정치적 사건에 대한 여러 가지 의견 중 하나일 뿐이라는 생각이 들었습니다. 민주는 여기에 대해 삼촌과 이야기를 나눠 보고 싶어서 삼촌에게 전화를 걸었습니다.

"삼촌, 헌법 재판소가 공직 선거법이 합헌이라고 했어도 그 말이 꼭 옳은 건 아니었어요! 그건 헌법 재판소의 의견일 뿐이에요!"

"얘가 왜 이렇게 흥분하니. 사람 놀라게. 무슨 일이야?"

삼촌은 가만히 민주 이야기를 듣더니 이렇게 대답했습니다.

"헌법 재판소가 처음 결정을 내릴 때 사람들은 엄청나게 환호했어. 옛날에 있던 헌법 위원회 같은 기관들은 아예 일을 안 해서 '휴면 기관'이라는 소리도 들었는데, 헌법 재판소가 문제 있는 법률을 줄줄이 위헌이라고 하니까 반가울 수밖에."

"그런데 법률이 문제가 있는지를 왜 헌법 재판소가 결정하는 거죠? 헌법 재판소가 하는 일은 원래 누가 했어야 하는 것일까요? 전 이것들이 우리가 토론을 통해 결정하고 발전시켜야 할 논의들이 아

10대를 위한 생각하는 헌법

닌가 생각해요. 그런데 헌법 재판소의 결정 한마디에 논의가 더 이어지지 못하는 것 같아요. 헌법 재판소가 합헌이라고 하면 옳은 것이고 위헌이라고 하면 그른 것이 아닐 텐데 말이에요. 헌법 재판소가 공직 선거법과 정당법이 합헌이라고 해도, 난 참정권을 가질 자격이 충분하다고요! 만 19세가 된 다음이 아니라 지금 당장이요!"

"한 가지 더 생각을 해 보자. 만일 헌법 재판소가 네가 원하는 대로 공직 선거법에 대해 위헌 결정을 내렸다면 어땠을까? 우리의 대표인 국회가 만든 법률을 '선출되지 않은 권력'이 휴지 조각으로 만드는 것은 바람직한 걸까?"

민주는 중요한 것을 깨달아 무척 기뻤습니다. 하지만 한편으로는 앞으로 어떻게 해야 할지 고민이 밀려왔습니다.

'탄핵 심판을 하려면 국회가 탄핵 소추를 해야 하고, 위헌 정당 해산 심판을 하려면 정부가 청구를 해야 한다고 했어. 헌법 재판소는 판단 기관이니까 원고가 필요하고 그 역할을 국회와 정부가 하는 거지. 그렇지만 원고의 역할을 국민이 할 수는 없는 걸까? 일정 수 이상의 국민이 소추와 제소의 주체가 될 수도 있는 거잖아.'

다시 험프티 덤프티의 목소리가 들리는 것 같았습니다.

"민주주의의 적에게는 민주주의를 인정할 수 없어. 그런 정당은 해산되어야 하지."

민주가 다급하게 물었습니다.

"민주주의요? 저는 그게 무슨 뜻인지 모르겠어요. 오히려 민주주의는 다양한 정당이 존재하는 것을 요구하지 않나요? 나치의 만행은 특정 생각을 가진 정당이 존재해서가 아니라 오히려 일당 독재가 가능했기 때문에 일어난 일이라고요!"

험프티 덤프티의 목소리가 점점 멀어졌습니다.

"문제는, 누가 주인이 되느냐지. 그게 다야."

물론 완전한 제도는 없습니다. 그리고 헌법 재판은 좋은 역할도 많이 합니다. 소수자의 의견을 대변하고, 민주적 절차를 거치지 못한 국가 작용에 대해 제동을 걸 수 있는 기관이니까요. 그렇지만 민주는 삼촌과의 대화, 환상 속에서 험프티 덤프티와 나눈 이야기들이 그냥 지나칠 수 없는 문제라는 생각이 들었습니다. 그때 책상에 펼쳐 있던 책이 다시 눈에 들어왔습니다.

"감시자는 누가 감시하는가?"

'헌법 재판소를 감시하는 가장 중요한 역할은 우리가 해야 해. 그러기 위해서는 우리 스스로가 정치 문제에 관심을 가지고 성숙한 토론을 할 수 있어야 하고 말이야. 헌법 재판소는 만 19세 미만의 청

10대를 위한 생각하는 헌법

소년이 정치에 참여할 수 없도록 한 공직 선거법이 위헌이 아니라고 했어. 그런데 이제 내가 다시 물어볼 차례야. "정말? 그게 헌법일까?"라고. 이 문제에 대해 친구들과 더 많이 이야기를 나눠야겠어.'

여러분은 "악법도 법이다."라는 말을 들어 본 적이 있나요? 어떤 사람들은 불합리한 법이 있을 때 그것이 나쁜 법이라고 생각하면서도, 소크라테스가 했다는 이 말을 떠올리며 "그래도 법은 지켜야지!"라고 이야기합니다. 혹여나 '준법 정신'이 훼손되지 않을까 노심초사하면서요. 하지만 실제로 소크라테스는 이런 말이나 행동을 한 적이 없습니다. 또 불합리한 법을 따르지 않고 저항하는 이들도 많지요.

대통령 선거가 있던 지난 2007년, 선거 관리 위원회는 만 19세 미만은 특정 후보를 지지하거나 반대하는 UCC(사용자 제작 콘텐츠)를 제작하거나 게시할 수 없다고 했습니다. 네티즌과 시민 단체는 강하게 반발하며 항의를 했습니다. 하지만 선거 관리 위원회는 그때마다 만 19세 미만은 공직 선거법에서 선거 운동을 할 수 없도록 규정되어 있기 때문에 자신들도 어쩔 수 없으며, 법률을 개정하는 방법밖에 없다고 했습니다.

일부 청소년들은 이러한 공직 선거법을 문제 삼아서 국가 인권 위원회에 진정도 하고, 헌법 소원을 청구해서 문제를 해결해 보려고도 했습니다. 또 어떤 청소년들은 처벌 위험을 감수하고 대놓고 법을 위반하기도 했습니다. 자신들의 정치적 요구를 담아 UCC를 만들거나, 특정 후보를 지지하는 영상을 제작한 것입니다.

여러분은 어떻게 생각하나요? 악법이라도 법률이 개정될 때까지 그 법을 지켜야 할까요? 어떤 법이 악법이라는 판단은 국회나 헌법 재판소만 할 수 있는 것일까요? 소크라테스가 하지도 않은 말인 "악법도 법이다."를 기억하는 대신 마틴 루서 킹의 말을 되새겨 봅시다.

"기다려라'는 말은 언제나 '안 된다'는 것을 의미했다. 정의가 너무 오래 지연될 때 그것은 정의를 거부하는 것이다."

공동체에서 다른 사람들과 함께 살아가려면
법이 좀 문제가 있더라도 어느 정도의 불이익은
감수해야 하는 거 아닐까? 국민 각자가
법률이 정당한지를 따져서 그걸 지킬지 말지를
결정한다면 사회가 유지될 수 없을 거야.
법률이 개정될 때까지 차분히 기다리는 게
민주 시민의 자세라고 생각해.

우리 헌법 전문은 불의에 항거한 '4·19 민주이념'을
계승한다고 되어 있어. 법률을 지키는 것이 귀찮다거나
당장 나에게 불리하기 때문에 법률을 문제 삼는 건
안 되겠지. 하지만 사회의 공공선을 위해 잘못된 것을
지적하고 그것을 바꾸려고 노력하는 행동은 나와
다른 사람의 권리를 지키고, 민주주의를 지키는
일이라고 생각해.

8장

헌법은
살아 있다

헌법의 개정

민주는 삼촌과 함께 파주 헤이리 마을에 있는 한국 근현대사 박물관으로 나들이를 왔습니다. 이곳은 민주가 교과서 속에서나 봤을 우리나라 근현대사의 모습을 생생하게 만날 수 있어서 삼촌이 특별히 고른 장소입니다. 평소 근현대사에 관심이 많던 민주는 오늘은 삼촌이 무슨 이야기를 들려줄지 궁금했습니다.

삼촌: 민주야, 우리나라 초대 대통령이 누군지 아니?

민주: 삼촌, 저도 그 정도는 알아요. 이승만 대통령이잖아요.

삼촌: 맞아. 그럼 이승만 대통령이 영어를 무척 잘했다는 것도 알아? 미국에서 유학을 했던 이승만 대통령은 유창한 영어로 우리나라 독립을 위한 외교 활동을 했어.

민주: 정말요? 영어는 못해도 역사 공부랑 헌법 공부는 열심히 했는데 그건 몰랐어요. 우리나라 초대 대통령이 미국 유학파에다 독립

을 위해 외교 활동을 하신 분이라니. 놀랍네요!

삼촌: 이승만 대통령은 대통령이 되기 전에는 독립운동가로 활동했지만 막상 대통령이 되고 난 후에는 친일파 처벌에 소극적이었어. 제헌 헌법 제101조에 근거해서 **'반민족 행위 처벌법◆'**을 제정해 친일파 청산에 앞장서는 것처럼 보였지만 보이는 게 다가 아니었지.

민주: 맞아요. 광복 후, 그리고 대한민국 정부 수립 후에도 친일파를 곳곳에 등용하고 친일파 청산에는 소극적이었잖아요.

삼촌: 특히 **국회 프락치 사건◆◆**과 **반민 특위 습격◆◆◆**으로 친일파 청산 활동을 노골적으로 방해했고, 반민 특위 공소 시효 기간을 1950년 6월 20일에서 1949년 8월 31일로 단축해서 실제로 처벌받은 민족 반역자는 거의 없었어.

◆ **반민족 행위 처벌법**
제헌 헌법 제101조는 "이 헌법을 제정한 국회는 단기 4287년(1945년) 8월 15일 이전의 악질적인 반민족 행위를 처벌하는 특별법을 제정할 수 있다."라고 규정하고 있습니다. 이 헌법을 근거로 국회는 반민족 행위 처벌법을 제정하고 이를 조사할 반민족 행위 특별 조사 위원회(반민 특위)를 설치했습니다. 특별 재판부와 특별 검찰부, 특별 경찰대가 설치된 반민 특위는 독자적으로 조사권·사법권·경찰권을 가지고 활동할 수 있었습니다.

◆◆ **국회 프락치 사건**
1949년 3월 제헌 국회 내의 일부 국회 의원들이 외국군 철수와 남북통일 협상 등을 골자로 하는 〈평화 통일 방안 제7원칙〉을 주장하다가 공산당의 프락치로 몰려 1949년 4월 말부터 8월 중순까지 세 차례에 걸쳐 구속된 사건을 말합니다.

민주: 그런데 이승만 대통령은 어떻게 재선된 거예요? 친일파 처벌은 그 당시 국민들의 열망이었을 것 같은데요.

삼촌: 제헌 헌법에서는 국회의 간접 선거를 통해 대통령을 선출하도록 되어 있었어. 즉 이승만 대통령은 간선제로 대통령이 되었던 거지. 그리고 또 대통령의 임기는 4년으로, 1회 중임이 가능하게 되어 있었단다. 재선을 노리던 이승만 대통령은 1950년에 있었던 제2대 국회 의원 선거에서, 여당에 반대하고 평화 통일을 바라는 중도 세력이 대거 당선되면서 위기를 느꼈어. 국회 의원이 대통령을 뽑는 간접 선거 방식으로는 도저히 재선이 될 수 없을 것 같아서 말이야. 그래서 대통령을 뽑는 방식을 간선제에서 직선제로 개헌을 했지 **(1952년 제1차 개헌, 발췌 개헌)**. 이때 개헌안은 직선제뿐만 아니라 야당이 원하는 내각 책임제도 약간 가미했단다.

민주: 그럼 "초대 대통령에 한해서 중임 제한을 철폐한다."라는 제2차 헌법 개정은 어떤 배경에서 이루어진 거예요?

◆◆◆ **반민 특위 습격**
반민 특위가 반민족 행위를 한 친일파 주요 인사들을 체포하자 위기감을 느낀 친일 세력은 반민 특위의 활동을 좌절시키기 위해 반민 특위 사무실 앞에서 시위를 했습니다. 이 과정에서 시위를 배후 조종한 혐의로 서울시경 사찰과장 최운하 등이 반민 특위에 체포되었습니다. 그러자 경찰은 반민 특위 사무실을 습격해 반민 특위 특별 경찰대를 체포하고 무장 해제를 시켰습니다. 또 친일파 관련 조사 서류들을 압수했지요. 이런 사건들을 통해 일제 강점기의 암울한 역사는 제대로 청산되지 못했습니다.

10대를 위한 생각하는 헌법

삼촌: 대통령 선거를 직선제로 바꿔서 재선에 성공한 이승만 대통령은 권력을 쉽사리 내려놓지 못했지. 그래서 영구 집권을 위해 2차 개헌을 하려고 한 거야. 그런데 개헌을 하려면 재적 의원 3분의 2 이상이 찬성을 해야 해. 민주야, 삼촌이 문제를 낼 테니까 맞춰 봐. 재적 의원이 총 203명일 때, 개헌에 필요한 3분의 2는 몇 명일까?

민주: 203명의 3분의 2면 135.333이니까 136명의 찬성이 있어야 개헌을 할 수 있는 거 아니에요?

삼촌: 그렇지. 우리 민주도 아는 걸 이승만 대통령은 몰랐던 걸까? 이 개헌에 대해 135명이 찬성을 했는데, 이건 의결 정족수에서 1표가 부족한 거였어. 하지만 이승만 대통령은 재적 의원 203명의 3분의 2는 135.333인데, 0.3은 반올림이 안 되는 수니까 버려서 135명의 찬성이 필요한 거라고 억지를 부렸지. 그러고 나서 개헌안을 단독으로 처리해 버렸어(**1954년 제2차 개헌, 사사오입 개헌**).

민주: 헌법 개정이 신중하게 이루어질 수 있도록 요건을 엄격히 해서 재적 의원 3분의 2 이상의 찬성을 요구한 걸 텐데…. 아무튼 그렇게 해서 1956년 5월 15일 다시 제3대 대통령에 당선된 거군요.

삼촌: 이승만 대통령은 제3대 대통령 선거가 있었던 1956년, 민주당 신익희 후보가 돌연사하면서 단독 후보가 되었어. 그런데 1960년 선거 때도 야당 후보 조병옥이 갑자기 죽는 바람에 별 어려움 없이 당선되었단다. 그런데 부통령 선거에서 자유당 이기붕 후보와 민주당 장면 후보의 대결이 치열하자 이기붕을 당선시키려고 무리하다가 그만 시민들의 분노를 불러왔지.

민주: 시민들이 분노했다면⋯. 3ㆍ15 부정 선거를 규탄한 반독재 민주화 운동 4ㆍ19 혁명을 말씀하시는 거 맞죠? 3ㆍ15 선거는 누가 봐도 명백한 부정 선거였어요. 선거는 민주주의의 꽃인데 조작이라니⋯. 게다가 마산에서는 부정 선거를 규탄하는 시위에 참가했던 김주열 학생이, 경찰이 쏜 최루탄에 맞아 사망했다고 들었어요.

삼촌: 그래. 김주열 학생의 시신이 발견되면서 이에 분노한 시민들의 제2차 시위가 일어났지. 4월 26일, 이승만 대통령은 결국 하야를 선언하고 하와이로 떠났어. 권력에 대한 지나친 욕심이 우리 현대사에 깊은 상처를 남기게 되었지.

민주: 12년 동안의 독재가 끝났으니 사람들은 진정한 민주주의 시대가 올 거라고 기대했겠네요?

삼촌 : 그래. 하지만 그 바람은 이루어지지 않았어. 이승만 대통령 하야 후에 당시 외무부 장관이었던 허정이 과도 정부를 이끌었지. 당연히 국민들은 좋아하지 않았어. 이승만 대통령 수하에 있던 인물이 정부를 이끈다고 나섰으니 말이야. 아무튼 민주주의를 염원한 국민의 바람은 헌법 개정으로 이어져서 내각 책임제(의원 내각제)와 양원제를 주 내용으로 하는 헌법이 마련되었고(**1960년 제3차 개헌, 의원 내각제 개헌**), 7월 29일 총선에서는 민주당이 압승을 거뒀어. 실질적인 권력을 갖게 된 것은 국무총리 장면이었고, 제4대 대통령 윤보선은 대통령제와는 달리 별 권력을 가지지 못했어. 그런데 문제는 장면 내각도 부정 선거 책임자 처벌에 미온적이었다는 거야. 각계에서 흘러나오는 남북 협상론에도 부정적이었고 말이야.

민주: 그런데 왜 이승만 정부 시절에 진보 정당을 자처하던 민주당이 국민의 압도적인 지지를 받아서 재적 과반수를 초과하는 의석을 얻었음에도 개혁에는 미온적이었던 거예요?

삼촌: 7월 29일 선거에서는 사실상 자유당은 붕괴된 것이나 마찬가지였고, 민주당 내 신파와 구파가 주도권을 잡기 위해 정신이 없었지. 국민들은 정부가 3·15 부정 선거와 관련된 책임자들, 그리고 부정한 세력을 강력히 처벌해 주기를 원했어. 그래서 곳곳에서 시위와 폭력 사태가 발생하기도 했지. 그래서 장면 정권은 **소급 입법**◆

을 반대하던 종래의 방침을 바꾸어서 부정 선거 관련자 및 부정 세력을 처벌하기 위한 특별법을 제정할 수 있도록 헌법을 개정했어 (**1960년 제4차 개헌, 소급 헌법**).

민주: 삼촌, 그런데 저기 선글라스를 끼고 새마을 운동 모자를 쓰고 있는 분이 박정희 대통령 아니에요?

삼촌: 선글라스와 국방색 점퍼, 그리고 새마을 운동 모자는 그분의 트레이드 마크지. 대한민국 제5대 대통령, 아니 5, 6, 7, 8, 9대 대통령 '박정희 대통령' 말이야.

민주: 카리스마가 장난이 아니네요. 육군 사관 학교 출신으로 1961년 5월 군사 쿠데타를 일으켜서 민주당 정부의 9개월 동안의 통치를 무너뜨리고, 헌법을 초월하는 강력한 **군사 혁명 위원회**◆◆를 구

◆ 소급 입법

일반적인 법률은 만들어지면 장래에 대하여만 효력이 있습니다. 그러나 소급 입법은 과거에 대하여 효력이 있습니다. 그렇기 때문에 소급 입법은 금지되고 있지요. 예를 들어 행위를 할 때는 범죄가 되지 않았던 것이 나중에 만들어진 법에 의해 범죄로 규정된다면 모든 국민이 잠재적 범죄자로 살아가게 될 것입니다.

◆◆ 군사 혁명 위원회

군사 혁명 위원회는 쿠데타 주도 세력이 구성한 최고 권력 기구입니다. 군사 혁명 위원회는 "행정·입법·사법의 3권을 완전히 장악했다."라는 성명을 발표하고 6개 항의 혁명 공약을 내걸었으며, 공약이 이루어지면 자신들은 언제든지 참신하고 양심적인 정치인들에게 정권을 이양하겠다고 했습니다. 후에 이 약속을 잊고 본격 정치인이 되기로 했지만 말입니다. 군사 혁명 위원회는 1961년 5월 18일 국가 재건 최고 회의로 바뀝니다.

10대를 위한 생각하는 헌법

성해서 군정을 실시했잖아요.

삼촌: 그래 맞아. 장면 내각이 들어선 후에 오히려 정국이 더 혼잡해졌다고 하면서 장면 내각의 미온적 개혁을 타도하고 제대로 된 민주 정부를 수립하겠다는 것이 쿠데타의 명분이었지. 이 것은 학생들과 시민들이 피를 흘리며 이룬 4·19 혁명의 결과를 바래게 한 것이지. 군정은 내각제를 없애고 전처럼 대통령 중심제와 단원제를 골자로 한 개헌을 국민 투표를 통해 이루어 냈어(**1962년 제5차 개헌, 5 · 16 군사 정변**).

민주: 장면 내각이 타도되고, 개헌안을 통해 단원제로 복귀했으니 쿠데타의 목표는 달성한 거 같은데…. 처음 군정을 시작할 때의 약속과는 다르게 다시 군인의 자리로 돌아가지 않았네요. 민주공화당을 만들어서 본격 정치에 뛰어들고, 윤보선 후보를 누르고 제5대 대통령에 당선되었으니 말이에요.

삼촌: 그렇지. 약속은 지켜지지 않았어. 이승만 대통령도 그랬지만 권력이라는 것은 한번 잡으면 놓치기 싫은가 보다. 그러나 지금도 박정희 대통령을 추억하는 사람들이 많이 있는데, 그 이유는 박정희 대통령이 펼친 정책들을 보면 짐작할 수 있어. 박정희 대통령이

항상 강조한 것이 바로 조국 근대화와 민족중흥으로, 이를 위해 경제 개발 5개년 계획, 새마을 운동, 중공업 육성, 경부 고속 도로 건설 등을 추진했어.

민주: 조국 근대화도 좋지만 경제 재건에 필요한 돈을 다 외국에서 차관으로 도입했다고 들었어요. 일본이 일제 강점기에 한국에 저지른 범죄 행위를 덮기 위해 제공한 차관인 걸 알면서도 어떻게 그럴 수 있었을까요? 1964년 **6 · 3 시위**⁺에서 굴욕 외교를 규탄하는 국민들의 분노를 직접 보고도 1965년에는 6월에는 한일 협정을 체결했잖아요.

삼촌: 지금까지 고통받는 위안부 할머니들을 생각하면 정말 가슴이 아픈 일이지. 한 · 일 국교 정상화를 위해서는 제대로 된 사과가 선행됐어야 하는데 말이야. 또 가슴 아픈 일은 경제 개발에 필요한 돈을 벌기 위해 베트남에 파병을 한 거였어. 처음 파병을 했을 때의 명분은 한국군을 현대화하고 베트남에 진출해서 외화를 벌 수 있다는 것이었지. 그래서 제일 처음에는 비전투 부대인 비둘기 부대만

◆ 6·3 시위

6·3 시위는 굴욕적인 한·일 회담에 반대하는 것이었습니다. 그러나 정부는 서울에 비상 계엄령을 선포하고 시위를 진압했습니다. 1965년 6월 한일 협정을 체결할 때는 시위를 막기 위해서 대학과 고등학교를 쉬게 하고 위수령을 내렸습니다. 위수령이란 육군 부대가 한 지역에 계속 주둔하면서 그 지역을 경비하고 시설물을 보호하게 하는 대통령령입니다.

10대를 위한 생각하는 헌법

보냈다가 후에 맹호 부대, 청룡 부대, 백마 부대 등 전투 부대까지 보내게 돼. 베트남 파병은 우리나라의 화려한 경제 성장에는 도움이 되었지만, 그 이면에는 한국인 남성과 베트남 여성 사이에서 태어난 '라이따이한(한국인 2세)' 양산 문제, 고엽제 피해자 문제, 민간인 학살 같은 많은 문제를 낳았지.

민주: 우리나라의 고속 경제 성장 뒤에는 그런 어두운 그림자가 있었군요. 삼촌, 그런데 어떻게 해서 박정희 대통령이 3선에서 승리할 수 있었던 거죠?

삼촌: 응, 그건 말이야. 제1차 경제 개발 5개년 계획(1962)이 성공하자 국민의 인기를 얻어 1967년 5월 재선에 성공했고, 그러자 바로 연임을 3번까지 할 수 있도록 개헌을 강행했기 때문이야.

민주: 야당과 학생들이 엄청나게 반발했는데도, 야당 의원들이 농성 중이던 국회 본회의장을 폐쇄하고, 국회 제3별관에서 개헌안을 변칙으로 통과시켰다면서요(**1969년 제6차 개헌, 대통령 3선 허용**).

삼촌: 그래, 맞아. 1971년 제7대 대통령 선거에서는 신민당 김대중 후보가 전국적으로 새바람을 일으키고 있었어. 60년대 기형적으로 성장한 경제의 부작용이 슬슬 드러나기 시작했고, 무리한 공업화

정책으로 최소한의 대우도 받지 못하고 장시간 노동에 시달린 노동자들이 새 시대를 희망했기 때문이지.

민주: 아, 그래서 1970년 11월 '아름다운 청년' 전태일은 시장 한복판에서 〈근로 기준법〉을 껴안고 분실 자살을 했군요. 이 사건을 영화로 만든 것을 본 적이 있어요. '산업 역군'이라는 왜곡된 이름 아래서 불합리하고 열악한 노동 환경을 감내해야 했던 노동자들의 현실이 잘 나타나 있었어요.

삼촌: 민주가 공부를 정말 열심히 했나 보구나. 박정희 대통령은 선거에서 간신히 승리했어. 하지만 야당의 목소리가 높아지고, 석유 파동으로 인한 경제 불황이 덮치고, 냉전 체제 붕괴로 화해 분위기가 조성되면서 나라 안팎으로 급격한 변화를 맞이했지. 박정희 대통령은 늘 위기 상황이라는 것을 강조하면서 경제 성장을 우선시하고 반공 이데올로기로 민주적인 목소리를 억눌러 왔는데, 막상 경제 위기가 닥치고 민주적인 분위기가 조성되자 대통령에게 위협이 됐어. 결국 약화된 반공 체제로부터 대한민국을 지키기 위한 것은 오직 강력한 리더십이라고 강조하면서, 1972년 국가 비상사태를 선언하고 급변하는 국내외 상황에 대처하기 위해 10월 유신을 선포한 거야(**1972년 제7차 개헌, 유신 헌법**).

민주: 유신 헌법은 어떤 내용을 담고 있었어요?

삼촌: 유신 헌법은 대통령의 임기를 4년에서 6년으로 늘리고, 대통령의 연임 제한 규정을 삭제했어. 그리고 직선제이던 대통령 선거도 **통일 주체 국민 회의**◆에 의한 간선제로 바꿨고. 또 대통령에게 국회를 해산할 수 있는 권리까지 부여한, 삼권 분립을 무시한 헌법이었단다. 그뿐만 아니라 통일 주체 국민 회의에서는 대통령의 추천을 받아서 국회 의원 정원의 3분의 1을 선출했지. 기본권에 대해서도 많은 제한을 했고 말이야. 민주주의의 기본 원칙들이 부정된 이런 헌법에 누가 찬성하겠니. 국민 투표로 헌법 개정을 결정한다고 해도 순 형식뿐이었어. 결국 유신에 반대하는 학생, 재야인사, 언론인 같은 사람들이 함께 모여 유신에 반대하는 시위를 벌였단다. 정부는 **긴급 조치**◆◆를 발표하고 전국을 공포로 몰아갔지만, 1978년 12월 국회 의원 선거에서 야당인 신민당이 여당인 공화당을 앞섰고 반정

◆ **통일 주체 국민 회의**
통일 주체 국민 회의의 주된 업무는 통일의 정책에 관한 주요 정책을 결정하는 기관이었습니다. 그러나 이 기관은 토론 없이 무기명 투표로 대통령을 선거하고, 정수의 3분의 1에 해당하는 국회 의원을 선거하였으며, 국회 의원이 제안한 헌법 개정안을 국회 의결 후 최종적으로 확정하는 권한을 가진 어마어마한 기관이었습니다. 또한 본래의 설치 목적과는 달리 사실상 대통령을 선출하는 데 이용되었고 대통령의 권력 행사를 보조했습니다.

◆◆ **긴급 조치**
긴급 조치는 대통령이 내리는 행정 명령에 불과하지만, 위기 시에는 헌법에 규정되어 있는 국민의 자유와 권리를 잠정적으로 정지할 수 있었고, 정부나 법원의 권한에 관해서도 긴급 조치를 할 수 있었습니다. 긴급 조치는 유신 헌법에 반대하던 국민들을 탄압하는 데 활용되었습니다.

부 시위는 점점 강도가 높아졌어.

민주: 이게 민주 공화국의 헌법이라니 믿을 수가 없네요. 그 이후에는 어떻게 됐어요?

삼촌: 반정부 시위는 부산과 마산에서 가장 격렬하게 벌어지고 있었어. 정부는 부산에 계엄령을, 마산에는 위수령을 발동해서 어떻게든 시위를 진압해 보려고 했지. 하지만 이 과정에서 박정희 대통령은 1979년 10월 26일, 자신의 오른팔이었던 중앙 정보 부장 김재규의 총에 맞아 죽게 되었지.

민주: 헐, 말도 안 돼. 가장 믿었던 부하의 총에 맞다니! 엄청난 사건이네요. 삼촌, 그러면 박정희 대통령이 죽은 뒤 바로 유신 헌법이 폐지됐어요?

삼촌: 아니. 박정희 대통령이 죽고 나서 바로 유신 헌법이 폐지된 것은 아니란다. 안타까운 일이지. 최규하가 유신 헌법에 따라 대통령으로 선출되었고 12월 8일 0시 이후 긴급 조치가 해제되었어. 곧 민주화의 봄이 올 것 같았지. 당시 우리나라 정세를 표현하던 말이 있었는데 그게 바로 '서울의 봄', '안개 정국'이었어. 정말 딱 그랬지. 하지만 민주화를 요구하는 목소리를 하나로 모을 세력이 없었단다.

대신 그 혼란을 틈타서 10·26 사건 합동 수사 본부장이던 전두환 소장이 1979년 12월 12일 군부 내 온건 세력을 무력으로 진압하고 주도권을 장악했어. 이에 서울역과 시청 앞에서는 시민들의 시위가 끊이질 않았어. 하지만 전두환 소장을 중심으로 한 신군부는 1980년 5월 17일 계엄령을 전국적으로 확대했고, 김대중을 비롯한 주요 정치 인사를 체포하고 구속했단다.

민주: 아, 그래서 그 이튿날인 5월 18일, 광주에서 학생들이 김대중 석방과 전두환 퇴진을 외쳤던 거군요. 영화에서 봤어요. 그날 계엄 군과 학생들 그리고 시민들이 민주 수호 범시민 궐기 대회를 벌이면서 계엄군과 대치했고, 계엄군의 무자비한 진압으로 수백 명의 사상자가 발생했다고 알고 있어요. 광주는 이때 외부와 차단되어 광주 외 지역에 있는 사람들은 광주에서 무슨 일이 일어나고 있었는지도 몰랐다면서요.

삼촌: 그래 잘 알고 있구나. 5월 27일에 상황은 종료되었지만, 광주에서는 무고한 생명들이 희생되었지. 지금도 광주하면 민주화 운동의 상징처럼 여겨지는 이유가 바로 그 때문이야. 신군부는 5·18 민주화 운동을 진압한 뒤 비상시국이라는 이유로 **국가 보위 비상 대책 위원회**◆를 만들었고, 상임 위원장에 전두환 장군이 앉게 돼. 이때 정치인의 정치 활동을 통제하고, 국민들은 언론 통폐합으로

제대로 된 소식마저 접할 수 없게 되지. 사회악 말소라는 명분 아래 그 유명한 **삼청 교육대**♦♦가 설치되기도 했어.

민주: 아, 저도 〈실미도〉라는 영화에서 삼청 교육대에 관한 내용을 본 거 같아요. 삼촌, 그럼 신군부가 집권하고서도 계속 유신 헌법은 유지되고 있었던 거네요?

삼촌: 그렇지. 전두환은 결국 통일 주체 국민 회의 의원의 지지를 얻어 대통령에 선출되었고, 그때 비로소 유신 헌법을 수정했어. 통일 주체 국민 회의가 아니라 대통령 선거인단이 간접 선거로 대통령을 선출하도록 했고, 대통령 임기는 7년 단임제로 고쳤단다(**1980년 제8차 개헌, 7년 단임의 간선제**). 그리고 전두환은 1981년 2월에 대통령

◆ 국가 보위 비상 대책 위원회
국가 보위 비상 대책 위원회란, 유신 정권 붕괴 후 등장한 신군부가 광주 민주화 운동을 진압하고 통치권을 확립하기 위해 설치한 임시 행정 기구입니다. 전두환은 실질적 권력자인 상임 위원장이 되었고, 최규하 대통령은 허울뿐인 명목만 유지했습니다. 국가 보위 비상 대책 위원회는 안보 태세 강화, 경제 난국 타개, 정치 발전, 사회악 말소를 통한 국가 기강 확립을 기본 목표로 정했습니다. 그리고 부정 축재와 국기 문란, 시위 주도를 명목으로 정치인, 교수, 학생 들을 지명 수배하고 유신의 핵심 권력들을 공직에서 물러나게 했습니다. 그뿐만 아니라 졸업 정원제 도입과 본고사 폐지, 과외 금지 등의 교육 정책과 사회악 말소를 명목으로 한 삼청 교육대 설치 등 파급력이 높은 일련의 정책을 실시했습니다.

◆◆ 삼청 교육대
국가 보위 비상 대책 위원회가 사회 정화 정책의 일환으로 삼청 교육을 실시하기 위해 만들어진 기구입니다. 폭력, 사기, 마약범 같은 사람들뿐만 아니라 무고한 시민들을 마구잡이로 검거한 후 정신 순화라는 이름 아래 군부대 내에서 가혹한 훈련을 받게 하고 각종 인권 유린을 자행했습니다.

10대를 위한 생각하는 헌법

선거인단에 의해 대통령에 당선이 되었었지.

민주: 뭐야. 결국 자기 자신을 위한 개헌이었네요? 그리고 보니 유신 헌법 이후로는 계속 대통령을 간선제로 뽑고 있네요. 그럼 언제부터 다시 대통령을 직선제로 뽑게 된 거예요?

삼촌: 직선제 개헌은 1987년이 되어서야 이루어졌단다. 그 시절을 살던 국민들은 대통령을 자기 손으로 뽑게 되는 날이 올 줄 상상도 못했을 거야. 전두환 대통령은 서울시 여의도에서 열린 대규모 문화 행사인 국풍 81, 3S 정책, 사교육 폐지, 교복·두발 자유화 등 사회적 관심을 정치 외적인 것으로 돌리기 위한 정책들을 펼쳤지. 그래서 민주화 운동이 한풀 꺾이기도 했지만, **박종철 군 고문치사 사건**◆◆◆으로 민주화 운동이 다시 거세지기 시작했어. 민주, 너도 들은 적 있지?

민주: 알아요. 당시 담당 경찰관이 "탁 치니 억 하고 죽었다."라고 해서 국민들의 분노를 샀던 그 사건 말이죠? 그리고 그 전에 **부천 경**

◆◆◆ **박종철 군 고문치사 사건**
1987년 1월, 당시 서울대학교 언어학과 3학년에 재학 중이던 박종철 군은 하숙집에서 강제 연행되었습니다. 수사관들은 박종철 군에게 반정부 행동을 하던 친구의 행방을 대라면서 물고문을 했습니다. "탁 치니 억 하고 죽었다."라는 경찰관의 말은 국민들의 분노를 샀고, 부검 결과 물고문에 의한 사망이라는 사실이 밝혀졌습니다.

찰서 성고문 사건◆도 민주화 운동에 한몫을 했잖아요.

삼촌: 그래, 국민들은 경찰의 발표를 믿지 않았어. 그리고 1987년 4월 13일, 전두환 대통령은 일체의 개헌 논의를 금지하는 호헌 조치를 발표했지. 즉 헌법을 그대로 유지한 채 선거를 치르겠다고 한 거야(**4 · 13 호헌 조치**). 시민과 학생들은 이 호헌 조치에 반대해서 계속해서 시위를 벌였어. 그러다가 연세대 이한열 학생이 최루탄에 맞아 사망하는 사건이 일어나면서 6월 민주 항쟁이 전국적으로 퍼지게 됐어.

민주: 결국 전두환 대통령은 직선제 개헌을 통해 평화적 정부 이양을 약속할 수밖에 없었던 거군요.

◆ 부천 경찰서 성고문 사건
서울대 의류학과 82학번이었던 권인숙 씨가 부천에 있는 작은 공장에 위장 취업을 했다가 1986년 6월 부천 경찰서로 연행되어 성고문을 당한 사건을 말합니다. 당시에는 지식인들이 공장에 취업해 노조를 만든 후 반독재 노동 운동을 할까 봐 위장 취업을 강력하게 단속했습니다.

◆◆ 6·29 선언
노태우 대통령 후보는 6·29 선언을 통해 1988년 2월 대통령 직선제 개헌을 통한 정부 이양 보장, 대통령 선거법 개정을 통한 공정한 경쟁 보장, 김대중 사면 복권과 시국 관련 석방, 지방 자치 및 교육 자치 실시, 정당의 건전한 활동 보장을 약속했습니다. 전두환 대통령도 특별 담화를 통해 이를 대폭적으로 수용하겠다는 입장을 밝히면서 6·29 선언은 정부와 집권당의 공식 입장이 되었고, 결국 4·13 호헌 조치는 철회되었습니다. 이 결과 국민 투표를 통해 직선제 개헌이 이루어지게 됩니다.

삼촌: 그렇지. 당시 대통령 후보였던 노태우는 **6 · 29 선언**◆◆을 통해서 5년 단임의 대통령 직선제 개헌을 수용했지(**1987년 제9차 개헌, 대통령 직선제 개헌**).

민주: 그런데 군사 독재에 시달리던 국민들은 어째서 또 신군부 출신 노태우를 뽑은 거예요? 그것도 직선제로?

삼촌: 맞아. 당시 국민들은 군인 출신 대통령이라면 고개를 저었지. 박정희 대통령 18년, 전두환 대통령 7년, 모두 합해 25년 동안 군인 대통령을 봐 왔잖아. 오죽하면 노태우 대통령이 자기를 '보통 사람 노태우'라고 했겠어. 당시 제13대 대통령 선거에서 노태우 대통령은 야당 김영삼, 김대중 후보와 아주 근소한 차이로 당선됐어. 그런데 곧 있었던 제13대 국회 의원 선거에서는 야당이 승리를 거두게 되지. 노태우가 대통령이 되었지만 국회 의원 절반 이상은 야당이 차지하는 여소 야대 정국이 발생하게 된 거야.

민주: 아하, 그렇구나! 제13대 대통령 선거에서 야당 후보가 한 명만 나왔더라면 결과가 달라졌겠군요. 나중에 김영삼과 김대중은 제14대, 제15대 대통령이 되었지만 말이에요.

삼촌: 그랬을지도 모르지. 민주 너 제법이구나! 우리나라 헌정사에

대해 잘 알고 있는 걸? 민주랑 근현대사 박물관에 같이 오길 정말
잘했다!

민주: 앞으로 제가 뽑는 대통령들이 이 빈 공간을 채워 가겠죠? 헌법
의 주체로서 사명감을 가지고 헌법을 지켜야겠어요. 아무도 헌법을
함부로 대하지 못하게 말이에요.

삼촌: 각오 한번 대단한 걸? 그런데 헌법은 한번 만들어졌다고 해서
고정되어 변하지 않는 것이 아니라, 시대와 상황에 맞게 변해 간단
다. 너희가 어른이 되었을 때 지금까지 보지 못했던 헌법의 모습을
보게 될지도 몰라. 헌법이 지난 과거처럼 일부 권력자의 도구가 되
지 않도록 지켜보면서, 동시에 변화하는 환경에 적합한 도구로 업
그레이드될 수 있도록 해야겠지.

민주: 음, 삼촌의 이야기
꼭 명심할게요. 그런데
삼촌, 헌법이 꼭 살아
있는 것 같아요!

민주는 삼촌과의 나들이에서 많은 것을 배웠습
니다. 삼촌과 근현대사 박물관을 돌아보며 대화

10대를 위한 생각하는 헌법

를 나누다 보니 교과서에서는 미처 느낄 수 없었던 각 헌법 개정의 다양한 의미를 짚어 볼 수 있었습니다. 헌법 개정의 역사를 살핀 민주는 지금의 헌법은 우리 사회에서 잘 작동하고 있을까, 어딘가에 헌법의 온도가 전해지지 않는 사람들이 있지는 않을까 궁금했습니다. 그동안 어렵고 따분하다고 생각했던 헌법이 이제는 민주의 가슴을 뜨겁게 합니다. 박물관을 나서던 민주는 뒤를 돌아보면 역대 대통령들이 잘 가라고 손을 흔들어 주고 있을 것만 같았습니다.

표로 보는 우리나라 헌법 개정의 역사

정부	개헌	내용
	제헌 헌법(1948)	1948년 7월 17일 공포된 제헌 헌법은 단원제 국회, 임기 4년의 대통령을 국회에서 간접 선거로 선출하도록 했습니다.
이승만 정부	제1차 개헌(1952)	대통령 직선제와 상·하 양원제를 골자로 하는 정부안, 내각 책임제와 국회 단원제를 골자로 하는 국회안을 절충해서 통과시켰다고 하여 일명 발췌 개헌이라고 합니다. 6·25 전쟁 중 부산에서 피난 국회가 의결한 것으로, 사실상 직선제를 기본으로 하면서도 허우대만 내각 책임제를 약간 가미했던, 이승만 재집권을 위한 개헌이었습니다.
	제2차 개헌(1954)	일명 사사오입 개헌이라고 불리는 헌법으로, 이승만 대통령의 3선을 허용한 개헌이었습니다.
허정 과도 내각	제3차 개헌(1960)	4·19 혁명 영향으로 만들어진 헌법으로, 사실상 헌법 제정이라고 볼 수 있을 정도로 구체제와 제도를 극복하기 위한 내용들을 담고 있습니다. 의원 내각제와 양원제를 규정하고 정당 조항을 최초로 명시했습니다.
장면 내각	제4차 개헌(1960)	1960년 3·15 부정 선거 관련자 및 부정 축재자들을 소급하여 처벌할 수 있도록 형법 불소급의 원칙에 일부 예외 규정을 두어 헌법을 개정했습니다.

10대를 위한 생각하는 헌법

박정희 정부	제5차 개헌(1962)	5·16 군사 정변으로 인해, 의원 내각제와 양원제를 이전의 대통령제와 단원제로 돌려놓은 개헌이었습니다.
	제6차 개헌(1969)	대통령이 연임을 3번까지 할 수 있도록 허용한 헌법으로(3선 개헌) 국회 본회의장에서 점거 농성을 하고 있던 신민회 의원들을 피하여 국회 제3별관에 모여 기명 투표 방식으로 찬성 122표, 반대 0표로 변칙 통과된 개헌이었습니다.
	제7자 개헌(1972)	일명 유신 헌법이라고 불리는 헌법으로, 역대 헌법 중 대통령의 권한이 가장 강력하게 보장된 헌법이었습니다. 대통령이 헌법의 효력을 정지시킬 수 있는 긴급 조치권을 규정하고 대통령의 연임 제한을 폐지하여 대통령 종신 집권이 가능하도록 했습니다.
전두환 정부	제8차 개헌(1980)	전두환은 통일 주체 국민 회의를 통해 대통령에 당선된 후 통일 주체 국민 회의를 폐지하고 간선제, 그리고 7년 단임의 대통령제를 규정했습니다.
노태우 정부	제9차 개헌(1987)	6월 민주 항쟁으로 5년 단임의 대통령 직선제가 실시되었고 제9차 개헌을 마지막으로 현행 헌법에 이르고 있습니다.

여러분은 민주와 삼촌의 대화를 지켜보면서 지금까지 대부분의 헌법 개정이 권력자의 정권 연장을 위해 이루어졌다는 것을 깨달았을 겁니다. 근현대에 이루어진 헌법 개정의 배경을 보면 헌법 개정에 대한 부정적인 인식을 갖게 되지요. 그러나 독재가 물러나고 민주주의가 발전한 현재에 논의되는 헌법 개정에는 다른 이유가 있습니다.

헌법은 헌법이 만들어질 당시의 정치적 상황에 따른 일정한 합의를 바탕으로 제정된 것입니다. 현실적으로 헌법을 제정할 때는 미래에 일어날 변화와 정치 발전 과정을 모두 예견하여 담을 수는 없습니다. 하지만 헌법이 현실에 적응하지 못하면 헌법과 현실 사이에는 괴리가 발생하고, 헌법은 현실에 맞지 않는 옷이 되어 그 기능을 잃게 됩니다.

민주주의를 억압하고 정권을 연장하기 위해 이루어진 과거의 헌법 개정과는 다르게, 이제는 새로운 인식을 수용하고 변화하는 사회 현상에 적응하기 위한 헌법 개정이 필요합니다. 앞으로의 헌법에는 어떠한 내용이 담겨야 할까요? 함께 생각해 봅시다.

우리는 지금까지 편리함만 생각하면서 도시를 만들고 공장을 지었어. 그러나 편리함을 이유로 한 개발은 결국 부메랑처럼 돌아와 우리는 매연과 쓰레기로 덮인 쾌적하지 못한 환경에서 살게 되었지. 그뿐만 아니라 생태계의 불균형과 환경 오염으로 각종 원인 모를 바이러스와 질병에 시달리게 되었어. 지구는 지금, 개발과 발전이라는 이름으로 병들고 있어. 앞으로의 헌법에는 인간도 생태계의 일부임을 확인하고 환경과 공존해야 한다는 내용을 담아야 해.

앞으로 우리는 첨단 과학 기술로 인해 지금껏 경험하지 못한 세계를 맞이하게 될 거야. 헌법은 유전자 기술의 발전으로 인공적인 생명을 만들어 내는 문제와 인위적으로 생명을 연장시키는 문제와 마주하고 있어. 또 우주 항공 기술의 발전으로 인간의 무대는 지구 밖으로 확장되고 있고 말이야. 이처럼 인류와 최첨단 기술이 만나 만들어 갈 세계에서 헌법은 어떻게 기능해야 할지 고민해야 해.

다시 생각해 보는 헌법

오늘은 〈법과 정치〉 수업 마지막 날입니다. 학기 초에는 수업을 듣는 대신 주요 과목 문제집을 풀거나 자는 아이들이 많았습니다. 수능 시험을 볼 때 그리 중요한 과목도 아니고 수업 내용이 우리 생활과 멀찍이 떨어져 있는 느낌이 들었기 때문이죠. 하지만 수업이 진행되면서 아이들도 조금씩 깨달았습니다. 우리가 개인적인 문제라고 생각했던 많은 것들이 사실은 함께 공론화하고 고민해야 할 문제라는 것을요. 또한 치열하게 토론을 하는 것이 서로의 감정을 상하게 하는 일이 아니라 대안을 모색하는 과정이라는 것도 알게 되었습니다.

수업을 듣던 민주가 말했습니다.

"선생님, 수업 내용만 보면 세상은 참 살기 좋은 곳 같아요. 헌법은 우리의 기본권을 보장하라고 하잖아요. 국가는 헌법이 말한 것을 지켜야 하고요. 마치 국가가 날 위해서 존재한다는 느낌마저 드는데 실제로는 헌법이 생각하는 것처럼 소중한 존재로 대접받고 있는 것 같지 않아요."

민주의 이야기에 친구들이 공감하는 표정을 지었습니다.

곧 방학이 다가오지만 우리는 그때도 하루 종일 학교와 학원에서 시간을 보낼 거라는 것을 알고 있습니다. 쉴 틈 없는 방학이 끝나면 다시 개학을 하겠지요. 아침 7시 30분이면 졸린 눈으로 학교에 가고 수업이 끝나면 또 학원에 가야 합니다. 이런 일정을 소화하려면 6시간도 채 잘 수 없습니다. 충분히 자고 학교에 가는 것, 아니면 지금처럼 일찍 학교에 가더라도 그만큼 집에도 일찍 가는 것, 마음껏 여가를 즐기는 것, 앞으로 내가 어떻게 살아갈지를 고민하는 것은 기본권이 아닌 걸까요?

민주 싹꿍 지현도 말했습니다.

"수업 시간에도 살펴봤지만, 재개발을 이유로 원래 그곳에 살던 사람들을 쫓아내는 걸 도무지 이해할 수가 없어요. 보상금도 제대로 주지 않아서 이사 비용마저 충분하지 않고, 무엇보다 정든 곳에서 내쫓기듯 떠나야 하다니…. 스위스 헌법에서는 살고 있는 사람이 '수긍할 수 있는 수준'의 주거권을 보장한대요."

그렇습니다. 헌법이 생각한 우리 모습과 실제 우리 모습은 학교 밖에서도 달랐습니다. 편의점에서 아르바이트를 할 때 혼자 가게를 보느라 화장실에도 못 가고 끼니도 대충 때워야 하는 친구의 모습도, SNS나 메신저에서 사적으로 나눈 이야기가 언제든 감시당할 수 있는 상황도, 헌법에서는 상상도 할 수 없는 일이지만 우리 삶에서는 시시때때로 벌어집니다. 민주와 친구들은 헌법이 규정하는 우리의 기본권이 충실히 보장받지 못하는 이유가 궁금했습니다.

앞자리에 앉은 범수도 말했습니다.

"숙제하다가 본 기사인데요. 몇 년 전, 어떤 사람이 학대받는 동물을 구조했는데 법원에서 절도죄라고 판결했대요. 동물은 존엄한 생명이 아닌 그냥 물건인가요? 독일에는 동물과 자연환경을 보호해야 한다는 내용의 '국가 목표' 조항이 헌법에 있다고 들었어요. 우리도 헌법에 이런 조항이 있었으면 좋겠어요."

인간 존중을 통해 자유를 추구한 것은 획기적인 사건이었습니다. 하지만 우리는 인간 존중만 생각한 나머지 인간이 아닌 생명체를 너무 가볍게 여기는 것은 아닐까요? 민주네 반 친구들은 아직 깨닫지 못했지만 이런 이야기들은 우리가 생각하는 헌법이 어떤 모습인지, 앞으로 헌법에 어떤 생각을 담아야 할지에 대한 고민을 담고 있습니다.

점점 더 많은 이야기가 쏟아지고, 선생님은 웃으며 말했습니다.

"그동안 〈법과 정치〉 수업을 한 보람이 있네요. 지금 여러분이 이야기한 것들은 사실 우리가 삶 속에서 고민해야 할 문제를 담고 있어요. 헌법의 기본적인 내용을 알았다면, 그다음은 가르치고 배워야 할 것이 아니라 여러분 스스로가 이야기하며 만들어 가야 해요. 앞으로의 일은 여러분에게 달려 있습니다!"

그 말을 들은 민주가 용기를 내서 외쳤습니다.

"우리 본격적으로 이야기를 시작해 볼까? 선생님도 같이 해요!"

참고문헌

1장
헌법을 이해하는 첫걸음 - 헌법의 기본 원리
김명주, 《헌법사 산책 : 헌법에 비친 주권의 풍경》, 산수야, 2010.
하승수, 《청소년을 위한 세계인권사》, 두리미디어, 2011.
한수웅, 《헌법학》, 법문사, 2011.

2장
나는 어떤 권리를 주장할 수 있나 - 기본권 이론
성낙인, 《헌법학》, 법문사, 2012.
조유진, 《처음 읽는 헌법 : 청소년을 위한 헌법 길라잡이》, 이학사, 2013.
한상범, 《살아있는 우리 헌법 이야기》, 삼인, 2005.

3장
민주의 일상에서 만나는 헌법 - 기본권 사례
정광욱 외, 《서울대 인권수업》, 미래의 창, 2013.
차병직 외, 《안녕 헌법》, 지안출판사, 2009.

4장
민주주의가 꽃 피는 곳 - 국회
박은정, 《왜 법의 지배인가》, 돌베개, 2010.
'열려라 국회, 통하라 정치' 프로젝트 그룹, 《국회를 시민의 품으로》, 2013.
헌법재판연구원, 《청소년을 위한 알기 쉬운 헌법》, 2013.

5장
국민을 위해 일한다! - 정부
공현 외, 《인권, 교문을 넘다》, 한겨레에듀, 2011.
김두식, 《헌법의 풍경 : 잃어버린 헌법을 위한 변론》, 교양인, 2011.
희정, 《노동자, 쓰러지다》, 오월의봄, 2014.

6장
정의는 나의 힘 - 법원
김두식, 《불편해도 괜찮아》, 창비, 2010.
민주노총 법률원·오준호, 《노동자의 변호사들 : 대한민국을 뒤흔든 노동 사건 10장면》, 미지북스, 2013.
천주교인권위원회 엮음, 《사법살인: 1975년 4월의 학살》, 학민사, 2001.

7장
법원인 듯 법원 아닌 - 헌법 재판소
권창은·강정인, 《소크라테스는 악법도 법이라고 말하지 않았다》, 고려대학교출판부, 2005.
함께하는 시민행동 엮음, 《헌법 다시 보기》, 창비, 2007.
헌법 재판소, 《헌법재판실무제요》, 헌법 재판소, 2008.

8장
헌법은 살아 있다 - 헌법의 개정
성낙인, 《대한민국헌법사》, 법문사, 2012.

대한민국 헌법

전문

유구한 역사와 전통에 빛나는 우리 대한 국민은 3·1운동으로 건립된 대한민국임 시정부의 법통과 불의에 항거한 4·19 민 주 이념을 계승하고, 조국의 민주 개혁과 평화적 통일의 사명에 입각하여 정의·인 도와 동포애로써 민족의 단결을 공고히 하고, 모든 사회적 폐습과 불의를 타파하 며, 자율과 조화를 바탕으로 자유 민주적 기본 질서를 더욱 확고히 하여 정치·경 제·사회·문화의 모든 영역에 있어서 각 인의 기회를 균등히 하고, 능력을 최고도 로 발휘하게 하며, 자유와 권리에 따르는 책임과 의무를 완수하게 하여, 안으로는 국민 생활의 균등한 향상을 기하고 밖으 로는 항구적인 세계 평화와 인류 공영에 이바지함으로써 우리들과 우리들의 자손 의 안전과 자유와 행복을 영원히 확보할 것을 다짐하면서 1948년 7월 12일에 제정 되고 8차에 걸쳐 개정된 헌법을 이제 국회 의 의결을 거쳐 국민 투표에 의하여 개정 한다.

제1장 총강

제1조 ① 대한민국은 민주 공화국이다. ② 대한민국의 주권은 국민에게 있고, 모든 권력은 국민으로부터 나온다.

제2조 ① 대한민국의 국민이 되는 요건은 법률로 정한다. ② 국가는 법률이 정하는 바에 의하여 재외국민을 보호할 의무를 진다.

제3조 대한민국의 영토는 한반도와 그 부 속도서로 한다.

제4조 대한민국은 통일을 지향하며, 자유 민주적 기본 질서에 입각한 평화적 통일 정책을 수립하고 이를 추진한다.

제5조 ① 대한민국은 국제 평화의 유지에 노력하고 침략적 전쟁을 부인한다. ② 국 군은 국가의 안전 보장과 국토방위의 신 성한 의무를 수행함을 사명으로 하며, 그 정치적 중립성은 준수된다.

제6조 ① 헌법에 의하여 체결·공포된 조 약과 일반적으로 승인된 국제 법규는 국 내법과 같은 효력을 가진다. ② 외국인은 국제법과 조약이 정하는 바에 의하여 그 지위가 보장된다.

제7조 ① 공무원은 국민 전체에 대한 봉사

자이며, 국민에 대하여 책임을 진다. ② 공무원의 신분과 정치적 중립성은 법률이 정하는 바에 의하여 보장된다.

제8조 ① 정당의 설립은 자유이며, 복수정당제는 보장된다. ② 정당은 그 목적·조직과 활동이 민주적이어야 하며, 국민의 정치적 의사 형성에 참여하는 데 필요한 조직을 가져야 한다. ③ 정당은 법률이 정하는 바에 의하여 국가의 보호를 받으며, 국가는 법률이 정하는 바에 의하여 정당 운영에 필요한 자금을 보조할 수 있다. ④ 정당의 목적이나 활동이 민주적 기본질서에 위배될 때에는 정부는 헌법 재판소에 그 해산을 제소할 수 있고, 정당은 헌법 재판소의 심판에 의하여 해산된다.

제9조 국가는 전통문화의 계승·발전과 민족문화의 창달에 노력하여야 한다.

제2장 국민의 권리와 의무

제10조 모든 국민은 인간으로서의 존엄과 가치를 가지며, 행복을 추구할 권리를 가진다. 국가는 개인이 가지는 불가침의 기본적 인권을 확인하고 이를 보장할 의무를 진다.

제11조 ① 모든 국민은 법 앞에 평등하다. 누구든지 성별·종교 또는 사회적 신분에 의하여 정치적·경제적·사회적·문화적 생활의 모든 영역에 있어서 차별을 받지 아니한다. ② 사회적 특수계급의 제도는 인정되지 아니하며, 어떠한 형태로도 이를 창설할 수 없다. ③ 훈장 등의 영전은 이를 받은 자에게만 효력이 있고, 어떠한 특권도 이에 따르지 아니한다.

제12조 ① 모든 국민은 신체의 자유를 가진다. 누구든지 법률에 의하지 아니하고는 체포·구속·압수·수색 또는 심문을 받지 아니하며, 법률과 적법한 절차에 의하지 아니하고는 처벌·보안 처분 또는 강제노역을 받지 아니한다. ② 모든 국민은 고문을 받지 아니하며, 형사상 자기에게 불리한 진술을 강요당하지 아니한다. ③ 체포·구속·압수 또는 수색을 할 때에는 적법한 절차에 따라 검사의 신청에 의하여 법관이 발부한 영장을 제시하여야 한다. 다만, 현행 범인인 경우와 장기 3년 이상의 형에 해당하는 죄를 범하고 도피 또는 증거 인멸의 염려가 있을 때에는 사후에 영장을 청구할 수 있다. ④ 누구든지 체포 또는 구속을 당한 때에는 즉시 변호인의 조력을 받을 권리를 가진다. 다만, 형사 피고인이 스스로 변호인을 구할 수 없을 때에는 법률이 정하는 바에 의하여 국가가 변호인을 붙인다. ⑤ 누구든지 체포 또는 구속의 이유와 변호인의 조력을 받을 권리가 있음을 고지받지 아니하고는 체포 또는 구속을 당하지 아니한다. 체포 또는

구속을 당한 자의 가족 등 법률이 정하는 자에게는 그 이유와 일시·장소가 지체 없이 통지되어야 한다. ⑥ 누구든지 체포 또는 구속을 당한 때에는 적부의 심사를 법원에 청구할 권리를 가진다. ⑦ 피고인의 자백이 고문·폭행·협박·구속의 부당한 장기화 또는 기망 기타의 방법에 의하여 자의로 진술된 것이 아니라고 인정될 때 또는 정식 재판에 있어서 피고인의 자백이 그에게 불리한 유일한 증거일 때에는 이를 유죄의 증거로 삼거나 이를 이유로 처벌할 수 없다.

제13조 ① 모든 국민은 행위 시의 법률에 의하여 범죄를 구성하지 아니하는 행위로 소추되지 아니하며, 동일한 범죄에 대하여 거듭 처벌받지 아니한다. ② 모든 국민은 소급 입법에 의하여 참정권의 제한을 받거나 재산권을 박탈당하지 아니한다. ③ 모든 국민은 자기의 행위가 아닌 친족의 행위로 인하여 불이익한 처우를 받지 아니한다.

제14조 모든 국민은 거주·이전의 자유를 가진다.

제15조 모든 국민은 직업 선택의 자유를 가진다.

제16조 모든 국민은 주거의 자유를 침해받지 아니한다. 주거에 대한 압수나 수색을 할 때에는 검사의 신청에 의하여 법관이 발부한 영장을 제시하여야 한다.

제17조 모든 국민은 사생활의 비밀과 자유를 침해받지 아니한다.

제18조 모든 국민은 통신의 비밀을 침해받지 아니한다.

제19조 모든 국민은 양심의 자유를 가진다.

제20조 ① 모든 국민은 종교의 자유를 가진다. ② 국교는 인정되지 아니하며, 종교와 정치는 분리된다.

제21조 ① 모든 국민은 언론·출판의 자유와 집회·결사의 자유를 가진다. ② 언론·출판에 대한 허가나 검열과 집회·결사에 대한 허가는 인정되지 아니한다. ③ 통신·방송의 시설 기준과 신문의 기능을 보장하기 위하여 필요한 사항은 법률로 정한다. ④ 언론·출판은 타인의 명예나 권리 또는 공중도덕이나 사회 윤리를 침해하여서는 아니 된다. 언론·출판이 타인의 명예나 권리를 침해한 때에는 피해자는 이에 대한 피해의 배상을 청구할 수 있다.

제22조 ① 모든 국민은 학문과 예술의 자유를 가진다. ② 저작자·발명가·과학 기

술자와 예술가의 권리는 법률로써 보호한다.

제23조 ① 모든 국민의 재산권은 보장된다. 그 내용과 한계는 법률로 정한다. ② 재산권의 행사는 공공복리에 적합하도록 하여야 한다. ③ 공공 필요에 의한 재산권의 수용·사용 또는 제한 및 그에 대한 보상은 법률로써 하되, 정당한 보상을 지급하여야 한다.

제24조 모든 국민은 법률이 정하는 바에 의하여 선거권을 가진다.

제25조 모든 국민은 법률이 정하는 바에 의하여 공무 담임권을 가진다.

제26조 ① 모든 국민은 법률이 정하는 바에 의하여 국가 기관에 문서로 청원할 권리를 가진다. ② 국가는 청원에 대하여 심사할 의무를 진다.

제27조 ① 모든 국민은 헌법과 법률이 정한 법관에 의하여 법률에 의한 재판을 받을 권리를 가진다. ② 군인 또는 군무원이 아닌 국민은 대한민국의 영역 안에서는 중대한 군사상 기밀·초병·초소·유독 음식물 공급·포로·군용물에 관한 죄중 법률이 정한 경우와 비상계엄이 선포된 경우를 제외하고는 군사 법원의 재판을 받지 아니한다. ③ 모든 국민은 신속한 재판을 받을 권리를 가진다. 형사 피고인은 상당한 이유가 없는 한 지체없이 공개재판을 받을 권리를 가진다. ④ 형사 피고인은 유죄의 판결이 확정될 때까지는 무죄로 추정된다. ⑤ 형사 피해자는 법률이 정하는 바에 의하여 당해 사건의 재판 절차에서 진술할 수 있다.

제28조 형사 피의자 또는 형사 피고인으로서 구금되었던 자가 법률이 정하는 불기소 처분을 받거나 무죄 판결을 받은 때에는 법률이 정하는 바에 의하여 국가에 정당한 보상을 청구할 수 있다.

제29조 ① 공무원의 직무상 불법 행위로 손해를 받은 국민은 법률이 정하는 바에 의하여 국가 또는 공공 단체에 정당한 배상을 청구할 수 있다. 이 경우 공무원 자신의 책임은 면제되지 아니한다. ② 군인·군무원·경찰 공무원 기타 법률이 정하는 자가 전투·훈련등 직무 집행과 관련하여 받은 손해에 대하여는 법률이 정하는 보상 외에 국가 또는 공공 단체에 공무원의 직무상 불법 행위로 인한 배상은 청구할 수 없다.

제30조 타인의 범죄 행위로 인하여 생명·신체에 대한 피해를 받은 국민은 법률이 정하는 바에 의하여 국가로부터 구조를 받을 수 있다.

제31조 ① 모든 국민은 능력에 따라 균등하게 교육을 받을 권리를 가진다. ② 모든 국민은 그 보호하는 자녀에게 적어도 초등교육과 법률이 정하는 교육을 받게 할 의무를 진다. ③ 의무교육은 무상으로 한다. ④ 교육의 자주성·전문성·정치적 중립성 및 대학의 자율성은 법률이 정하는 바에 의하여 보장된다. ⑤ 국가는 평생교육을 진흥하여야 한다. ⑥ 학교교육 및 평생교육을 포함한 교육제도와 그 운영, 교육재정 및 교원의 지위에 관한 기본적인 사항은 법률로 정한다.

제32조 ① 모든 국민은 근로의 권리를 가진다. 국가는 사회적·경제적 방법으로 근로자의 고용의 증진과 적정 임금의 보장에 노력하여야 하며, 법률이 정하는 바에 의하여 최저 임금제를 시행하여야 한다. ② 모든 국민은 근로의 의무를 진다. 국가는 근로의 의무의 내용과 조건을 민주주의 원칙에 따라 법률로 정한다. ③ 근로 조건의 기준은 인간의 존엄성을 보장하도록 법률로 정한다. ④ 여자의 근로는 특별한 보호를 받으며, 고용·임금 및 근로 조건에 있어서 부당한 차별을 받지 아니한다. ⑤ 연소자의 근로는 특별한 보호를 받는다. ⑥ 국가 유공자·상이군경 및 전몰군경의 유가족은 법률이 정하는 바에 의하여 우선적으로 근로의 기회를 부여받는다.

제33조 ① 근로자는 근로 조건의 향상을 위하여 자주적인 단결권·단체 교섭권 및 단체 행동권을 가진다. ② 공무원인 근로자는 법률이 정하는 자에 한하여 단결권·단체 교섭권 및 단체 행동권을 가진다. ③ 법률이 정하는 주요 방위 산업체에 종사하는 근로자의 단체 행동권은 법률이 정하는 바에 의하여 이를 제한하거나 인정하지 아니할 수 있다.

제34조 ① 모든 국민은 인간다운 생활을 할 권리를 가진다. ② 국가는 사회 보장·사회 복지의 증진에 노력할 의무를 진다. ③ 국가는 여자의 복지와 권익의 향상을 위하여 노력하여야 한다. ④ 국가는 노인과 청소년의 복지 향상을 위한 정책을 실시할 의무를 진다. ⑤ 신체장애자 및 질병·노령 기타의 사유로 생활 능력이 없는 국민은 법률이 정하는 바에 의하여 국가의 보호를 받는다. ⑥ 국가는 재해를 예방하고 그 위험으로부터 국민을 보호하기 위하여 노력하여야 한다.

제35조 ① 모든 국민은 건강하고 쾌적한 환경에서 생활할 권리를 가지며, 국가와 국민은 환경 보전을 위하여 노력하여야 한다. ② 환경권의 내용과 행사에 관하여는 법률로 정한다. ③ 국가는 주택 개발 정책 등을 통하여 모든 국민이 쾌적한 주거 생활을 할 수 있도록 노력하여야 한다.

제36조 ① 혼인과 가족생활은 개인의 존

엄과 양성의 평등을 기초로 성립되고 유지되어야 하며, 국가는 이를 보장한다. ② 국가는 모성의 보호를 위하여 노력하여야 한다. ③ 모든 국민은 보건에 관하여 국가의 보호를 받는다.

제37조 ① 국민의 자유와 권리는 헌법에 열거되지 아니한 이유로 경시되지 아니한다. ② 국민의 모든 자유와 권리는 국가 안전 보장·질서 유지 또는 공공복리를 위하여 필요한 경우에 한하여 법률로써 제한할 수 있으며, 제한하는 경우에도 자유와 권리의 본질적인 내용을 침해할 수 없다.

제38조 모든 국민은 법률이 정하는 바에 의하여 납세의 의무를 진다.

제39조 ① 모든 국민은 법률이 정하는 바에 의하여 국방의 의무를 진다. ② 누구든지 병역 의무의 이행으로 인하여 불이익한 처우를 받지 아니한다.

제3장 국회

제40조 입법권은 국회에 속한다.

제41조 ① 국회는 국민의 보통·평등·직접·비밀 선거에 의하여 선출된 국회 의원으로 구성한다. ② 국회 의원의 수는 법률로 정하되, 200인 이상으로 한다. ③ 국회 의원의 선거구와 비례 대표제 기타 선거에 관한 사항은 법률로 정한다.

제42조 국회 의원의 임기는 4년으로 한다.

제43조 국회 의원은 법률이 정하는 직을 겸할 수 없다.

제44조 ① 국회 의원은 현행 범인인 경우를 제외하고는 회기 중 국회의 동의 없이 체포 또는 구금되지 아니한다. ② 국회 의원이 회기 전에 체포 또는 구금된 때에는 현행 범인이 아닌 한 국회의 요구가 있으면 회기 중 석방된다.

제45조 국회 의원은 국회에서 직무상 행한 발언과 표결에 관하여 국회 외에서 책임을 지지 아니한다.

제46조 ① 국회 의원은 청렴의 의무가 있다. ② 국회 의원은 국가 이익을 우선하여 양심에 따라 직무를 행한다. ③ 국회 의원은 그 지위를 남용하여 국가·공공 단체 또는 기업체와의 계약이나 그 처분에 의하여 재산상의 권리·이익 또는 직위를 취득하거나 타인을 위하여 그 취득을 알선할 수 없다.

제47조 ① 국회의 정기회는 법률이 정하는 바에 의하여 매년 1회 집회되며, 국회의 임시회는 대통령 또는 국회 재적 의원

4분의 1 이상의 요구에 의하여 집회된다. ② 정기 회의 회기는 100일을, 임시 회의 회기는 30일을 초과할 수 없다. ③ 대통령이 임시 회의 집회를 요구할 때에는 기간과 집회 요구의 이유를 명시하여야 한다.

제48조 국회는 의장 1인과 부의장 2인을 선출한다.

제49조 국회는 헌법 또는 법률에 특별한 규정이 없는 한 재적 의원 과반수의 출석과 출석 의원 과반수의 찬성으로 의결한다. 가부 동수인 때에는 부결된 것으로 본다.

제50조 ① 국회의 회의는 공개한다. 다만, 출석의원 과반수의 찬성이 있거나 의장이 국가의 안전 보장을 위하여 필요하다고 인정할 때에는 공개하지 아니할 수 있다. ② 공개하지 아니한 회의 내용의 공표에 관하여는 법률이 정하는 바에 의한다.

제51조 국회에 제출된 법률안 기타의 의안은 회기 중에 의결되지 못한 이유로 폐기되지 아니한다. 다만, 국회 의원의 임기가 만료된 때에는 그러하지 아니하다.

제52조 국회 의원과 정부는 법률안을 제출할 수 있다.

제53조 ① 국회에서 의결된 법률안은 정부에 이송되어 15일 이내에 대통령이 공포한다. ② 법률안에 이의가 있을 때에는 대통령은 제1항의 기간 내에 이의서를 붙여 국회로 환부하고, 그 재의를 요구할 수 있다. 국회의 폐회 중에도 또한 같다. ③ 대통령은 법률안의 일부에 대하여 또는 법률안을 수정하여 재의를 요구할 수 없다. ④ 재의의 요구가 있을 때에는 국회는 재의에 붙이고, 재적 의원 과반수의 출석과 출석 의원 3분의 2 이상의 찬성으로 전과 같은 의결을 하면 그 법률안은 법률로서 확정된다. ⑤ 대통령이 제1항의 기간 내에 공포나 재의의 요구를 하지 아니한 때에도 그 법률안은 법률로서 확정된다. ⑥ 대통령은 제4항과 제5항의 규정에 의하여 확정된 법률을 지체 없이 공포하여야 한다. 제5항에 의하여 법률이 확정된 후 또는 제4항에 의한 확정 법률이 정부에 이송된 후 5일 이내에 대통령이 공포하지 아니할 때에는 국회의장이 이를 공포한다. ⑦ 법률은 특별한 규정이 없는 한 공포한 날로부터 20일을 경과함으로써 효력을 발생한다.

제54조 ① 국회는 국가의 예산안을 심의·확정한다. ② 정부는 회계 연도마다 예산안을 편성하여 회계 연도 개시 90일 전까지 국회에 제출하고, 국회는 회계 연도 개시 30일전까지 이를 의결하여야 한다. ③ 새로운 회계 연도가 개시될 때까지 예산안이 의결되지 못한 때에는 정부는 국회에서 예산안이 의결될 때까지 다음의

10대를 위한 생각하는 헌법

목적을 위한 경비는 전년도 예산에 준하여 집행할 수 있다.
1. 헌법이나 법률에 의하여 설치된 기관 또는 시설의 유지 · 운영
2. 법률상 지출 의무의 이행
3. 이미 예산으로 승인된 사업의 계속

제55조 ① 한 회계 연도를 넘어 계속하여 지출할 필요가 있을 때에는 정부는 연한을 정하여 계속비로서 국회의 의결을 얻어야 한다. ② 예비비는 총액으로 국회의 의결을 얻어야 한다. 예비비의 지출은 차기 국회의 승인을 얻어야 한다.

제56조 정부는 예산에 변경을 가할 필요가 있을 때에는 추가 경정 예산안을 편성하여 국회에 제출할 수 있다.

제57조 국회는 정부의 동의 없이 정부가 제출한 지출 예산 각항의 금액을 증가하거나 새 비목을 설치할 수 없다.

제58조 국채를 모집하거나 예산 외에 국가의 부담이 될 계약을 체결하려 할 때에는 정부는 미리 국회의 의결을 얻어야 한다.

제59조 조세의 종목과 세율은 법률로 정한다.

제60조 ① 국회는 상호 원조 또는 안전보장에 관한 조약, 중요한 국제 조직에 관한 조약, 우호 통상 항해 조약, 주권의 제약에 관한 조약, 강화 조약, 국가나 국민에게 중대한 재정적 부담을 지우는 조약 또는 입법 사항에 관한 조약의 체결 · 비준에 대한 동의권을 가진다. ② 국회는 선전 포고, 국군의 외국에의 파견 또는 외국 군대의 대한민국 영역 안에서의 주류에 대한 동의권을 가진다.

제61조 ① 국회는 국정을 감사하거나 특정한 국정 사안에 대하여 조사할 수 있으며, 이에 필요한 서류의 제출 또는 증인의 출석과 증언이나 의견의 진술을 요구할 수 있다. ② 국정 감사 및 조사에 관한 절차 기타 필요한 사항은 법률로 정한다.

제62조 ① 국무총리 · 국무 위원 또는 정부 위원은 국회나 그 위원회에 출석하여 국정 처리 상황을 보고하거나 의견을 진술하고 질문에 응답할 수 있다. ② 국회나 그 위원회의 요구가 있을 때에는 국무총리 · 국무 위원 또는 정부 위원은 출석 · 답변하여야 하며, 국무총리 또는 국무 위원이 출석 요구를 받은 때에는 국무 위원 또는 정부 위원으로 하여금 출석 · 답변하게 할 수 있다.

제63조 ① 국회는 국무총리 또는 국무 위원의 해임을 대통령에게 건의할 수 있다. ② 제1항의 해임 건의는 국회 재적 의원 3

분의 1 이상의 발의에 의하여 국회 재적 의원 과반수의 찬성이 있어야 한다.

제64조 ① 국회는 법률에 저촉되지 아니하는 범위 안에서 의사와 내부 규율에 관한 규칙을 제정할 수 있다. ② 국회는 의원의 자격을 심사하며, 의원을 징계할 수 있다. ③ 의원을 제명하려면 국회 재적 의원 3분의 2 이상의 찬성이 있어야 한다. ④ 제2항과 제3항의 처분에 대하여는 법원에 제소할 수 없다.

제65조 ① 대통령·국무총리·국무 위원·행정 각부의 장·헌법 재판소 재판관·법관·중앙 선거 관리 위원회 위원·감사원장·감사 위원 기타 법률이 정한 공무원이 그 직무 집행에 있어서 헌법이나 법률을 위배한 때에는 국회는 탄핵의 소추를 의결할 수 있다. ② 제1항의 탄핵 소추는 국회 재적 의원 3분의 1 이상의 발의가 있어야 하며, 그 의결은 국회 재적 의원 과반수의 찬성이 있어야 한다. 다만, 대통령에 대한 탄핵 소추는 국회 재적 의원 과반수의 발의와 국회 재적 의원 3분의 2 이상의 찬성이 있어야 한다. ③ 탄핵 소추의 의결을 받은 자는 탄핵 심판이 있을 때까지 그 권한 행사가 정지된다. ④ 탄핵 결정은 공직으로부터 파면함에 그친다. 그러나 이에 의하여 민사상이나 형사상의 책임이 면제되지는 아니한다.

제4장 정부

제1절 대통령

제66조 ① 대통령은 국가의 원수이며, 외국에 대하여 국가를 대표한다. ② 대통령은 국가의 독립·영토의 보전·국가의 계속성과 헌법을 수호할 책무를 진다. ③ 대통령은 조국의 평화적 통일을 위한 성실한 의무를 진다. ④ 행정권은 대통령을 수반으로 하는 정부에 속한다.

제67조 ① 대통령은 국민의 보통·평등·직접·비밀 선거에 의하여 선출한다. ② 제1항의 선거에 있어서 최고득표자가 2인 이상인 때에는 국회의 재적 의원 과반수가 출석한 공개회의에서 다수표를 얻은 자를 당선자로 한다. ③ 대통령 후보자가 1인일 때에는 그 득표수가 선거권자 총수의 3분의 1 이상이 아니면 대통령으로 당선될 수 없다. ④ 대통령으로 선거될 수 있는 자는 국회 의원의 피선거권이 있고 선거일 현재 40세에 달하여야 한다. ⑤ 대통령의 선거에 관한 사항은 법률로 정한다.

제68조 ① 대통령의 임기가 만료되는 때에는 임기 만료 70일 내지 40일 전에 후임자를 선거한다. ② 대통령이 궐위된 때 또는 대통령 당선자가 사망하거나 판결 기타의 사유로 그 자격을 상실한 때에는 60일 이내에 후임자를 선거한다.

제69조 대통령은 취임에 즈음하여 다음의 선서를 한다. "나는 헌법을 준수하고 국가를 보위하며 조국의 평화적 통일과 국민의 자유와 복리의 증진 및 민족 문화의 창달에 노력하여 대통령으로서의 직책을 성실히 수행할 것을 국민 앞에 엄숙히 선서합니다."

제70조 대통령의 임기는 5년으로 하며, 중임할 수 없다.

제71조 대통령이 궐위되거나 사고로 인하여 직무를 수행할 수 없을 때에는 국무총리, 법률이 정한 국무 위원의 순서로 그 권한을 대행한다.

제72조 대통령은 필요하다고 인정할 때에는 외교·국방·통일 기타 국가 안위에 관한 중요 정책을 국민 투표에 붙일 수 있다.

제73조 대통령은 조약을 체결·비준하고, 외교 사절을 신임·접수 또는 파견하며, 선전 포고와 강화를 한다.

제74조 ① 대통령은 헌법과 법률이 정하는 바에 의하여 국군을 통수한다. ② 국군의 조직과 편성은 법률로 정한다.

제75조 대통령은 법률에서 구체적으로 범위를 정하여 위임받은 사항과 법률을 집행하기 위하여 필요한 사항에 관하여 대통령령을 발할 수 있다.

제76조 ① 대통령은 내우·외환·천재·지변 또는 중대한 재정·경제상의 위기에 있어서 국가의 안전 보장 또는 공공의 안녕질서를 유지하기 위하여 긴급한 조치가 필요하고 국회의 집회를 기다릴 여유가 없을 때에 한하여 최소한으로 필요한 재정·경제상의 처분을 하거나 이에 관하여 법률의 효력을 가지는 명령을 발할 수 있다. ② 대통령은 국가의 안위에 관계되는 중대한 교전 상태에 있어서 국가를 보위하기 위하여 긴급한 조치가 필요하고 국회의 집회가 불가능한 때에 한하여 법률의 효력을 가지는 명령을 발할 수 있다. ③ 대통령은 제1항과 제2항의 처분 또는 명령을 한 때에는 지체 없이 국회에 보고하여 그 승인을 얻어야 한다. ④ 제3항의 승인을 얻지 못한 때에는 그 처분 또는 명령은 그때부터 효력을 상실한다. 이 경우 그 명령에 의하여 개정 또는 폐지되었던 법률은 그 명령이 승인을 얻지 못한 때부터 당연히 효력을 회복한다. ⑤ 대통령은 제3항과 제4항의 사유를 지체 없이 공포하여야 한다.

제77조 ① 대통령은 전시·사변 또는 이에 준하는 국가 비상사태에 있어서 병력으로써 군사상의 필요에 응하거나 공공의 안녕질서를 유지할 필요가 있을 때에는 법률이 정하는 바에 의하여 계엄을 선포

할 수 있다. ② 계엄은 비상계엄과 경비계엄으로 한다. ③ 비상계엄이 선포된 때에는 법률이 정하는 바에 의하여 영장 제도, 언론 · 출판 · 집회 · 결사의 자유, 정부나 법원의 권한에 관하여 특별한 조치를 할 수 있다. ④ 계엄을 선포한 때에는 대통령은 지체 없이 국회에 통고하여야 한다. ⑤ 국회가 재적 의원 과반수의 찬성으로 계엄의 해제를 요구한 때에는 대통령은 이를 해제하여야 한다.

제78조 대통령은 헌법과 법률이 정하는 바에 의하여 공무원을 임면한다.

제79조 ① 대통령은 법률이 정하는 바에 의하여 사면 · 감형 또는 복권을 명할 수 있다. ② 일반 사면을 명하려면 국회의 동의를 얻어야 한다. ③ 사면 · 감형 및 복권에 관한 사항은 법률로 정한다.

제80조 대통령은 법률이 정하는 바에 의하여 훈장 기타의 영전을 수여한다.

제81조 대통령은 국회에 출석하여 발언하거나 서한으로 의견을 표시할 수 있다.

제82조 대통령의 국법상 행위는 문서로써 하며, 이 문서에는 국무총리와 관계 국무 위원이 부서한다. 군사에 관한 것도 또한 같다.

제83조 대통령은 국무총리 · 국무 위원 · 행정 각부의 장 기타 법률이 정하는 공사의 직을 겸할 수 없다.

제84조 대통령은 내란 또는 외환의 죄를 범한 경우를 제외하고는 재직 중 형사상의 소추를 받지 아니한다.

제85조 전직 대통령의 신분과 예우에 관하여는 법률로 정한다.

제2절 행정부

제1관 국무총리와 국무 위원

제86조 ① 국무총리는 국회의 동의를 얻어 대통령이 임명한다. ② 국무총리는 대통령을 보좌하며, 행정에 관하여 대통령의 명을 받아 행정 각부를 통할한다. ③ 군인은 현역을 면한 후가 아니면 국무총리로 임명될 수 없다.

제87조 ① 국무 위원은 국무총리의 제청으로 대통령이 임명한다. ② 국무 위원은 국정에 관하여 대통령을 보좌하며, 국무 회의의 구성원으로서 국정을 심의한다. ③ 국무총리는 국무 위원의 해임을 대통령에게 건의할 수 있다. ④ 군인은 현역을 면한 후가 아니면 국무 위원으로 임명될 수 없다.

제2관 국무 회의

제88조 ① 국무 회의는 정부의 권한에 속하는 중요한 정책을 심의한다. ② 국무 회의는 대통령·국무총리와 15인 이상 30인 이하의 국무 위원으로 구성한다. ③ 대통령은 국무 회의의 의장이 되고, 국무총리는 부의장이 된다.

제89조 다음 사항은 국무 회의의 심의를 거쳐야 한다.
1. 국정의 기본 계획과 정부의 일반 정책
2. 선전·강화 기타 중요한 대외 정책
3. 헌법 개정안·국민 투표안·조약안·법률안 및 대통령령안
4. 예산안·결산·국유 재산 처분의 기본 계획·국가의 부담이 될 계약 기타 재정에 관한 중요 사항
5. 대통령의 긴급 명령·긴급 재정 경제 처분 및 명령 또는 계엄과 그 해제
6. 군사에 관한 중요 사항
7. 국회의 임시회 집회의 요구
8. 영전 수여
9. 사면·감형과 복권
10. 행정 각부 간의 권한의 획정
11. 정부안의 권한의 위임 또는 배정에 관한 기본 계획
12. 국정 처리 상황의 평가·분석
13. 행정 각부의 중요한 정책의 수립과 조정
14. 정당 해산의 제소
15. 정부에 제출 또는 회부된 정부의 정책에 관계되는 청원의 심사
16. 검찰 총장·합동 참모 의장·각 군 참모 총장·국립대학교 총장·대사 기타 법률이 정한 공무원과 국영기업체 관리자의 임명
17. 기타 대통령·국무총리 또는 국무 위원이 제출한 사항

제90조 ① 국정의 중요한 사항에 관한 대통령의 자문에 응하기 위하여 국가원로로 구성되는 국가 원로 자문 회의를 둘 수 있다. ② 국가 원로 자문 회의의 의장은 직전 대통령이 된다. 다만, 직전 대통령이 없을 때에는 대통령이 지명한다. ③ 국가 원로 자문 회의의 조직·직무 범위 기타 필요한 사항은 법률로 정한다.

제91조 ① 국가 안전 보장에 관련되는 대외 정책·군사 정책과 국내 정책의 수립에 관하여 국무 회의의 심의에 앞서 대통령의 자문에 응하기 위하여 국가 안전 보장 회의를 둔다. ② 국가 안전 보장 회의는 대통령이 주재한다. ③ 국가 안전 보장 회의의 조직·직무 범위 기타 필요한 사항은 법률로 정한다.

제92조 ① 평화 통일 정책의 수립에 관한 대통령의 자문에 응하기 위하여 민주 평화 통일 자문 회의를 둘 수 있다. ② 민주 평화 통일 자문 회의의 조직·직무 범위 기타 필요한 사항은 법률로 정한다.

제93조 ① 국민 경제의 발전을 위한 중요 정책의 수립에 관하여 대통령의 자문에 응하기 위하여 국민 경제 자문 회의를 둘 수 있다. ② 국민 경제 자문 회의의 조직 · 직무 범위 기타 필요한 사항은 법률로 정한다.

제3관 행정 각부

제94조 행정 각부의 장은 국무 위원 중에서 국무총리의 제청으로 대통령이 임명한다.

제95조 국무총리 또는 행정 각부의 장은 소관 사무에 관하여 법률이나 대통령령의 위임 또는 직권으로 총리령 또는 부령을 발할 수 있다.

제96조 행정 각부의 설치 · 조직과 직무 범위는 법률로 정한다.

제4관 감사원

제97조 국가의 세입 · 세출의 결산, 국가 및 법률이 정한 단체의 회계 검사와 행정 기관 및 공무원의 직무에 관한 감찰을 하기 위하여 대통령 소속하에 감사원을 둔다.

제98조 ① 감사원은 원장을 포함한 5인 이상 11인 이하의 감사 위원으로 구성한다. ② 원장은 국회의 동의를 얻어 대통령이 임명하고, 그 임기는 4년으로 하며, 1차에 한하여 중임할 수 있다. ③ 감사 위원은 원장의 제청으로 대통령이 임명하고, 그 임기는 4년으로 하며, 1차에 한하여 중임할 수 있다.

제99조 감사원은 세입 · 세출의 결산을 매년 검사하여 대통령과 차년도 국회에 그 결과를 보고하여야 한다.

제100조 감사원의 조직 · 직무 범위 · 감사위원의 자격 · 감사 대상 공무원의 범위 기타 필요한 사항은 법률로 정한다.

제5장 법원

제101조 ① 사법권은 법관으로 구성된 법원에 속한다. ② 법원은 최고 법원인 대법원과 각급 법원으로 조직된다. ③ 법관의 자격은 법률로 정한다.

제102조 ① 대법원에 부를 둘 수 있다. ② 대법원에 대법관을 둔다. 다만, 법률이 정하는 바에 의하여 대법관이 아닌 법관을 둘 수 있다. ③ 대법원과 각급 법원의 조직은 법률로 정한다.

제103조 법관은 헌법과 법률에 의하여 그

양심에 따라 독립하여 심판한다.

제104조 ① 대법원장은 국회의 동의를 얻어 대통령이 임명한다. ② 대법관은 대법원장의 제청으로 국회의 동의를 얻어 대통령이 임명한다. ③ 대법원장과 대법관이 아닌 법관은 대법관 회의의 동의를 얻어 대법원장이 임명한다.

제105조 ① 대법원장의 임기는 6년으로 하며, 중임할 수 없다. ② 대법관의 임기는 6년으로 하며, 법률이 정하는 바에 의하여 연임할 수 있다. ③ 대법원장과 대법관이 아닌 법관의 임기는 10년으로 하며, 법률이 정하는 바에 의하여 연임할 수 있다. ④ 법관의 정년은 법률로 정한다.

제106조 ① 법관은 탄핵 또는 금고 이상의 형의 선고에 의하지 아니하고는 파면되지 아니하며, 징계 처분에 의하지 아니하고는 정직·감봉 기타 불리한 처분을 받지 아니한다. ② 법관이 중대한 심신상의 장해로 직무를 수행할 수 없을 때에는 법률이 정하는 바에 의하여 퇴직하게 할 수 있다.

제107조 ① 법률이 헌법에 위반되는 여부가 재판의 전제가 된 경우에는 법원은 헌법 재판소에 제청하여 그 심판에 의하여 재판한다. ② 명령·규칙 또는 처분이 헌법이나 법률에 위반되는 여부가 재판의 전제가 된 경우에는 대법원은 이를 최종적으로 심사할 권한을 가진다. ③ 재판의 전심 절차로서 행정 심판을 할 수 있다. 행정 심판의 절차는 법률로 정하되, 사법 절차가 준용되어야 한다.

제108조 대법원은 법률에 저촉되지 아니하는 범위 안에서 소송에 관한 절차, 법원의 내부 규율과 사무 처리에 관한 규칙을 제정할 수 있다.

제109조 재판의 심리와 판결은 공개한다. 다만, 심리는 국가의 안전 보장 또는 안녕 질서를 방해하거나 선량한 풍속을 해할 염려가 있을 때에는 법원의 결정으로 공개하지 아니할 수 있다.

제110조 ① 군사 재판을 관할하기 위하여 특별 법원으로서 군사 법원을 둘 수 있다. ② 군사 법원의 상고심은 대법원에서 관할한다. ③ 군사 법원의 조직·권한 및 재판관의 자격은 법률로 정한다. ④ 비상계엄하의 군사 재판은 군인·군무원의 범죄나 군사에 관한 간첩죄의 경우와 초병·초소·유독 음식물 공급·포로에 관한 죄 중 법률이 정한 경우에 한하여 단심으로 할 수 있다. 다만, 사형을 선고한 경우에는 그러하지 아니하다.

제6장 헌법 재판소

제111조 ① 헌법 재판소는 다음 사항을 관장한다.
1. 법원의 제청에 의한 법률의 위헌 여부 심판
2. 탄핵의 심판
3. 정당의 해산 심판
4. 국가 기관 상호 간, 국가 기관과 지방 자치 단체 간 및 지방 자치 단체 상호 간의 권한 쟁의에 관한 심판
5. 법률이 정하는 헌법 소원에 관한 심판
② 헌법 재판소는 법관의 자격을 가진 9인의 재판관으로 구성하며, 재판관은 대통령이 임명한다. ③ 제2항의 재판관 중 3인은 국회에서 선출하는 자를, 3인은 대법원장이 지명하는 자를 임명한다. ④ 헌법 재판소의 장은 국회의 동의를 얻어 재판관 중에서 내통령이 임명한다.

제112조 ① 헌법 재판소 재판관의 임기는 6년으로 하며, 법률이 정하는 바에 의하여 연임할 수 있다. ② 헌법 재판소 재판관은 정당에 가입하거나 정치에 관여할 수 없다. ③ 헌법 재판소 재판관은 탄핵 또는 금고 이상의 형의 선고에 의하지 아니하고는 파면되지 아니한다.

제113조 ① 헌법 재판소에서 법률의 위헌 결정, 탄핵의 결정, 정당 해산의 결정 또는 헌법 소원에 관한 인용 결정을 할 때에는 재판관 6인 이상의 찬성이 있어야 한다. ② 헌법 재판소는 법률에 저촉되지 아니하는 범위 안에서 심판에 관한 절차, 내부 규율과 사무 처리에 관한 규칙을 제정할 수 있다. ③ 헌법 재판소의 조직과 운영 기타 필요한 사항은 법률로 정한다.

제7장 선거 관리

제114조 ① 선거와 국민 투표의 공정한 관리 및 정당에 관한 사무를 처리하기 위하여 선거 관리 위원회를 둔다. ② 중앙 선거 관리 위원회는 대통령이 임명하는 3인, 국회에서 선출하는 3인과 대법원장이 지명하는 3인의 위원으로 구성한다. 위원장은 위원 중에서 호선한다. ③ 위원의 임기는 6년으로 한다. ④ 위원은 정당에 가입하거나 정치에 관여할 수 없다. ⑤ 위원은 탄핵 또는 금고 이상의 형의 선고에 의하지 아니하고는 파면되지 아니한다. ⑥ 중앙선거 관리 위원회는 법령의 범위 안에서 선거 관리·국민 투표 관리 또는 정당 사무에 관한 규칙을 제정할 수 있으며, 법률에 저촉되지 아니하는 범위 안에서 내부 규율에 관한 규칙을 제정할 수 있다. ⑦ 각급 선거 관리 위원회의 조직·직무 범위 기타 필요한 사항은 법률로 정한다.

제115조 ① 각급 선거 관리 위원회는 선거인 명부의 작성 등 선거 사무와 국민 투표 사무에 관하여 관계 행정 기관에 필요한 지시를 할 수 있다. ② 제1항의 지시를 받

은 당해 행정 기관은 이에 응하여야 한다.

제116조 ① 선거 운동은 각급 선거 관리 위원회의 관리 하에 법률이 정하는 범위 안에서 하되, 균등한 기회가 보장되어야 한다. ② 선거에 관한 경비는 법률이 정하는 경우를 제외하고는 정당 또는 후보자에게 부담시킬 수 없다.

제8장 지방 자치

제117조 ① 지방 자치 단체는 주민의 복리에 관한 사무를 처리하고 재산을 관리하며, 법령의 범위 안에서 자치에 관한 규정을 제정할 수 있다. ② 지방 자치 단체의 종류는 법률로 정한다.

제118조 ① 지방 자치 단체에 의회를 둔다. ② 지방 의회의 조직 · 권한 · 의원 선거와 지방 자치 단체의 장의 선임 방법 기타 지방 자치 단체의 조직과 운영에 관한 사항은 법률로 정한다.

제9장 경제

제119조 ① 대한민국의 경제 질서는 개인과 기업의 경제상의 자유와 창의를 존중함을 기본으로 한다. ② 국가는 균형 있는 국민 경제의 성장 및 안정과 적정한 소득의 분배를 유지하고, 시장의 지배와 경제

력의 남용을 방지하며, 경제 주체 간의 조화를 통한 경제의 민주화를 위하여 경제에 관한 규제와 조정을 할 수 있다.

제120조 ① 광물 기타 중요한 지하자원 · 수산 자원 · 수력과 경제상 이용할 수 있는 자연력은 법률이 정하는 바에 의하여 일정한 기간 그 채취 · 개발 또는 이용을 특허할 수 있다. ② 국토와 자원은 국가의 보호를 받으며, 국가는 그 균형 있는 개발과 이용을 위하여 필요한 계획을 수립한다.

제121조 ① 국가는 농지에 관하여 경자유전의 원칙이 달성될 수 있도록 노력하여야 하며, 농지의 소작 제도는 금지된다. ② 농업 생산성의 제고와 농지의 합리적인 이용을 위하거나 불가피한 사정으로 발생하는 농지의 임대차와 위탁 경영은 법률이 정하는 바에 의하여 인정된다.

제122조 국가는 국민 모두의 생산 및 생활의 기반이 되는 국토의 효율적이고 균형 있는 이용 · 개발과 보전을 위하여 법률이 정하는 바에 의하여 그에 관한 필요한 제한과 의무를 과할 수 있다.

제123조 ① 국가는 농업 및 어업을 보호 · 육성하기 위하여 농 · 어촌 종합 개발과 그 지원 등 필요한 계획을 수립 · 시행하여야 한다. ② 국가는 지역 간의 균형 있는 발전을 위하여 지역 경제를 육성할 의

무를 진다. ③ 국가는 중소기업을 보호 · 육성하여야 한다. ④ 국가는 농수산물의 수급균형과 유통 구조의 개선에 노력하여 가격 안정을 도모함으로써 농 · 어민의 이익을 보호한다. ⑤ 국가는 농 · 어민과 중소기업의 자조 조직을 육성하여야 하며, 그 자율적 활동과 발전을 보장한다.

제124조 국가는 건전한 소비 행위를 계도하고 생산품의 품질 향상을 촉구하기 위한 소비자 보호 운동을 법률이 정하는 바에 의하여 보장한다.

제125조 국가는 대외 무역을 육성하며, 이를 규제 · 조정할 수 있다.

제126조 국방상 또는 국민 경제상 긴절한 필요로 인하여 법률이 정하는 경우를 제외하고는, 사영 기업을 국유 또는 공유로 이전하거나 그 경영을 통제 또는 관리할 수 없다.

제127조 ① 국가는 과학 기술의 혁신과 정보 및 인력의 개발을 통하여 국민 경제의 발전에 노력하여야 한다. ② 국가는 국가 표준 제도를 확립한다. ③ 대통령은 제1항의 목적을 달성하기 위하여 필요한 자문 기구를 둘 수 있다.

제10장 헌법 개정

제128조 ① 헌법 개정은 국회 재적 의원 과반수 또는 대통령의 발의로 제안된다. ② 대통령의 임기 연장 또는 중임 변경을 위한 헌법 개정은 그 헌법 개정 제안 당시의 대통령에 대하여는 효력이 없다.

제129조 제안된 헌법 개정안은 대통령이 20일 이상의 기간 이를 공고하여야 한다.

제130조 ① 국회는 헌법 개정안이 공고된 날로부터 60일 이내에 의결하여야 하며, 국회의 의결은 재적 의원 3분의 2 이상의 찬성을 얻어야 한다. ② 헌법 개정안은 국회가 의결한 후 30일 이내에 국민 투표에 붙여 국회 의원 선거권자 과반수의 투표와 투표자 과반수의 찬성을 얻어야 한다. ③ 헌법 개정안이 제2항의 찬성을 얻은 때에는 헌법 개정은 확정되며, 대통령은 즉시 이를 공포하여야 한다.

부칙 〈헌법 제10호, 1987.10.29.〉

제1조 이 헌법은 1988년 2월 25일부터 시행한다. 다만, 이 헌법을 시행하기 위하여 필요한 법률의 제정 · 개정과 이 헌법에 의한 대통령 및 국회 의원의 선거 기타 이 헌법 시행에 관한 준비는 이 헌법 시행 전에 할 수 있다.

제2조 ① 이 헌법에 의한 최초의 대통령

선거는 이 헌법 시행일 40일 전까지 실시한다. ② 이 헌법에 의한 최초의 대통령의 임기는 이 헌법 시행일로부터 개시한다.

제3조 ① 이 헌법에 의한 최초의 국회 의원 선거는 이 헌법 공포일로부터 6월 이내에 실시하며, 이 헌법에 의하여 선출된 최초의 국회 의원의 임기는 국회 의원 선거 후 이 헌법에 의한 국회의 최초의 집회일로부터 개시한다. ② 이 헌법 공포 당시의 국회 의원의 임기는 제1항에 의한 국회의 최초의 집회일 전일까지로 한다.

제4조 ① 이 헌법 시행 당시의 공무원과 정부가 임명한 기업체의 임원은 이 헌법에 의하여 임명된 것으로 본다. 다만, 이 헌법에 의하여 선임 방법이나 임명권자가 변경된 공무원과 대법원장 및 감사원장은 이 헌법에 의하여 후임자가 선임될 때까지 그 직무를 행하며, 이 경우 전임자인 공무원의 임기는 후임자가 선임되는 전일까지로 한다. ② 이 헌법 시행 당시의 대법원장과 대법원 판사가 아닌 법관은 제1항 단서의 규정에 불구하고 이 헌법에 의하여 임명된 것으로 본다. ③ 이 헌법 중 공무원의 임기 또는 중임 제한에 관한 규정은 이 헌법에 의하여 그 공무원이 최초로 선출 또는 임명된 때로부터 적용한다.

제5조 이 헌법 시행 당시의 법령과 조약은 이 헌법에 위배되지 아니하는 한 그 효력을 지속한다.

제6조 이 헌법 시행 당시에 이 헌법에 의하여 새로 설치될 기관의 권한에 속하는 직무를 행하고 있는 기관은 이 헌법에 의하여 새로운 기관이 설치될 때까지 존속하며 그 직무를 행한다.

교과 연계표

중학교 사회 ①	**11. 정치 생활과 민주주의** (1) 정치의 의미와 민주 정치의 발전 과정 (2) 민주주의의 이념과 민주 정치의 기본 원리 (3) 민주 정치의 실현과 정부 형태
	12. 정치 과정과 시민 참여 (1) 정치 과정과 정치 주체 (2) 선거의 의미와 제도 (3) 지방 자치 제도와 시민 참여
중학교 사회 ②	**8. 일상생활과 법** (1) 법의 의미와 필요성 (2) 법의 종류와 특징 (3) 우리나라의 사법 제도
	9. 인권 보장과 헌법 (1) 인권 보장의 역사와 헌법의 역할 (2) 기본권의 보장과 제한 (3) 인권 보장과 국가 기관의 역할
	10. 헌법과 국가 기관 (1) 국회의 조직과 기능 (2) 행정부의 조직과 기능 (3) 법원과 헌법 재판소의 조직과 기능
	14. 현대 사회와 사회 문제 (1) 현대 사회의 다양한 사회 문제들 (2) 미래 사회와 지속 가능한 발전
중학교 사회 ③	**6. 정치 생활과 민주주의** (1) 정치와 정치권력 (2) 민주주의의 이념과 원리 (3) 현대 사회의 정치 현상

10대를 위한 생각하는 헌법

	7. 민주 정치와 시민 참여
	(1) 다양한 이익 충돌과 민주적 해결
	(2) 정치 과정의 참여 주체
	(3) 시민의 권리와 의무 및 정치 참여
고등학교 사회	1. 사회를 바라보는 창
	(1) 개인 이해
	(2) 세상 이해
	2. 공정성과 삶의 질
	(1) 개인과 공동체
	(2) 다양성과 관용
	(3) 삶의 질과 복지
고등학교 법과 정치	1. 민주 정치와 법
	(1) 정치의 의미와 기능
	(2) 민주주의의 원리와 유형
	(3) 민주 정치의 발전
	(4) 정치권력과 법치주의
	2. 민주 정치의 과정과 참여
	(1) 정부 형태와 정치 제도
	(2) 정치 참여와 선거
	(3) 정당, 이익 집단과 시민 단체
	(4) 여론과 정치 문화
	3. 우리나라의 헌법
	(1) 우리나라 헌법의 기초 이해
	(2) 기본권의 보장과 제한
	(3) 국가 기관의 구성과 기능

*2014년 교과서를 기준으로 했습니다.

찾아보기

10대를 위한 생각하는 헌법

다른 청소년 교양 5

10대를 위한 생각하는 헌법

초판 1쇄 발행 2014년 12월 6일
초판 8쇄 발행 2020년 4월 1일

지은이 서윤호, 오혜진, 최정호
그린이 최진영
펴낸이 김한청
편집 서유미
디자인 오혜진
마케팅 최원준, 최지애, 설채린

펴낸곳 도서출판 다른
출판등록 2004년 9월 2일 제2013-000194호
주소 서울시 마포구 동교로18길 13 (서교동, 세원빌딩 2층)
전화 02-3143-6478
팩스 02-3143-6479
블로그 http://blog.naver.com/darun_pub
트위터 @darunpub
메일 khc15968@hanmail.net

ISBN 979-11-5633-033-2 (44360)
ISBN 978-89-92711-87-6 (SET)

* 잘못 만들어진 책은 구입하신 곳에서 바꾸어 드립니다.
* 값은 뒤표지에 있습니다.
* 이 도서의 국립중앙도서관 출판예정도서목록(CIP)은
  서지정보유통지원시스템 홈페이지(http://seoji.nl.go.kr)와
  국가자료공동목록시스템(http://www.nl.go.kr/kolisnet)에서 이용하실 수 있습니다.
  (CIP제어번호: CIP2014032903)

* 이 책은 한국출판문화산업진흥원의
  2014년 우수 출판 콘텐츠 제작 지원 사업 당선작입니다.